向光而行

教育者的五向修炼

曾中文 著

华南理工大学出版社
·广州·

图书在版编目（CIP）数据

向光而行：教育者的五向修炼 / 曾中文著 .-- 广州：华南理工大学出版社，2025.1. --ISBN 978-7-5623-7870-9

Ⅰ．G451.6

中国国家版本馆 CIP 数据核字第 2024U3Y724 号

Xiang Guang Er Xing : Jiaoyuzhe De Wuxiang Xiulian
向光而行：教育者的五向修炼
曾中文　著

出 版 人：**房俊东**
出版发行：华南理工大学出版社
　　　　　（广州五山华南理工大学 17 号楼，邮编 510640）
　　　　　http:// hg.cb.scut.edu.cn　E-mail: scutc13@scut.edu.cn
　　　　　营销部电话：020-87113487　87111048（传真）
策划编辑：李秋云
责任编辑：陆颖珊　陈　蓉
责任校对：盛美珍
印 刷 者：广州一龙印刷有限公司
开　　本：787mm×960mm　1/16　印张：19　字数：238 千
版　　次：2025 年 1 月第 1 版
印　　次：2025 年 1 月第 1 次印刷
定　　价：52.00 元

版权所有　盗版必究　　印装差错　负责调换

序

  曾中文校长的《向光而行：教育者的五向修炼》以小短文的形式，将自己多年来在阅读与教育实践中的所阅所思、所见所闻、所悟所得串联起来。

  书中结合国学经典对教育的方法、目的与本质进行了深刻的思考与探索，挖掘传统智慧与现代教育的契合点，展现了传统智慧与现代教育的融合。

  曾校长提出的"五向修炼"，乃本书之核心。

  一是向内自省，反省自身之不足，唤醒自我，提升生命状态，以鲜活的内心唤醒孩子内在。

  二是向外拦截，拦截外界的不良诱惑，以及克服包括自私自利在内的人性之欲望，提升内心高度，为学生树立正确的价值观筑起道德防线。

  三是向上立志，赋予生命积极向上的动力，肩负起使命与担当，不断超越自我，为学生树立崇高的理想标杆。

  四是向下扎根，不畏艰难，让学生懂得唯有深深扎根、脚踏实地，方能实现理想和追求的道理。

  五是向前修行，将自己修炼成教育的智者、仁者、勇者，以慈爱之心善待和尊重每一个孩子，用真诚去托举和成就每一个生命。

  《向光而行：教育者的五向修炼》不仅是曾中文校长个人教育智慧的结晶，更是可供同行借鉴的专业经验分享。愿每一位教育者都能从这本书中汲取智慧与力量，在教育和生活中保持思考和写作的习惯，智慧前行。

在这个时代，教育面临着诸多挑战与机遇。我们需要更多如曾中文校长一般的教育者，向光而行。我相信，本书将推动更多的教育者和学子走向光明的未来！

刘良华

2024 年 10 月 18 日

前　言

这是一个乌卡时代（VUCA），我们目前正处在一个充满易变性、不确定性、复杂性、模糊性的世界里。在这样的时代，唯一能确定的就是不确定，唯一不变的是变化本身。作为教育者，我们应有怎样的修炼和作为？

本书以小短文的形式提炼和梳理了本人多年来在阅读和教育实践中的所阅所思、所见所闻、所悟所得，结合《大学》《中庸》《孟子》《论语》《周易》《传习录》等国学经典，较好地回应了上一段落中所提出的问题，提出了教育者，包括教师和家长自我修炼的基本路径——五向修炼，即向内自省、向外拦截、向上立志、向下扎根、向前修行，倡导教师应有大担当，争做大先生，向光而行。

教育面对的是人的生命和灵魂。面对生命，教育唯一要做的就是尊重，让孩子学习生活在由教育者内心的喜悦所构建的环境中。面对灵魂，要求教育者的内心一定是纯净、高贵、有光的。面对孩子的内心，光是最美好的语言。现在我们的教育并不缺乏知识、学问、道理，缺乏的是光，是教育者身上的宽厚和仁慈。

教育的本质是教育者的自我教育。林格老师曾说："教育者是需要修炼的，没有修炼的教育人生是没有意义的。"

"修炼"需要向内自省。从向外求转向向内求，反省自身的不足、局限和狭隘，从而唤醒自我，提升自身的生命能量，进而以教育者自己鲜活的生命状态唤醒孩子的内在，最终走上自我发现之旅。

"修炼"需要向外拦截。要勇于拦截"邪"的东西，包括贪婪、侥幸、虚荣等人性的弱点，还要拦截各种自私自利的欲望，不断提升内心的高度。

"修炼"需要向上立志。一个人的生命状态应是积极向上的，这需要我们找到自己的使命和担当，永远将心立于高处，不断向上提升自己、更新自己、超越自己。

"修炼"需要向下扎根。向下扎根是一个艰难的过程，但是只有向下扎根，才能向上结果。教育的使命和担当要求我们必须往下扎根，一棵树的根扎得越深，它的树枝才会向天空伸展得更高更远。

"修炼"需要向前修行。教育者的修行是一辈子的事情，应将自己修炼成教育的智者、仁者和勇者，胸怀悲悯之心，善待和尊重每个孩子，真心爱每个孩子，成就每个孩子。

真正的教育，不仅是讲道理、传授知识、解疑答惑，更是要加强教育者的自我修炼，将自己修炼成为一盏灯、一束光，将自己的精神能量传递给孩子，维护孩子的心力，让孩子成为内心强大的人。

"泉眼无声惜细流，树阴照水爱晴柔。小荷才露尖尖角，早有蜻蜓立上头。"杨万里的这首《小池》，为我们展现了一个理想的生态场景：一个泉眼、一道细流、一池树阴、几支小荷、一只蜻蜓，构成一幅生动的小池风物图，表现了大自然万物之间亲密和谐的关系。我期待，我们的教育能够如这首诗所描绘的一般，构成适合孩子生命成长的一方池塘，"惜""爱"自然流露，学习自然发生，这是自然的力量，也是文化的力量，更是爱的力量。

谨以此书献给耕耘在基础教育一线的教育工作者，以及广大的学生家长们。

2024年1月15日于禅城南庄

目　录

第一篇　向内自省 / 001

1　内求 / 003	21　圆满 / 024	41　除夕 / 045
2　三省 / 005	22　心花 / 025	42　借口 / 046
3　四问 / 006	23　心灯 / 026	43　经历 / 047
4　身体 / 007	24　引领 / 028	44　整理 / 048
5　品德 / 008	25　唤醒 / 029	45　舒服 / 049
6　仁镜 / 009	26　觉醒 / 030	46　习惯 / 050
7　付出 / 010	27　感应 / 031	47　厨房 / 051
8　待人 / 011	28　知耻 / 032	48　敏感 / 052
9　逆行 / 012	29　内在 / 033	49　家校 / 053
10　觉察 / 013	30　时光 / 034	50　排序 / 054
11　用心 / 014	31　立春 / 035	51　唠叨 / 055
12　闻过 / 015	32　抬头 / 036	52　闭嘴 / 056
13　无知 / 016	33　春分 / 037	53　晾晒 / 057
14　贵贱 / 017	34　清明 / 038	54　有间 / 058
15　穷富 / 018	35　谷雨 / 039	55　不服 / 059
16　色难 / 019	36　小满 / 040	56　赚钱 / 060
17　独处 / 020	37　中秋 / 041	57　刹车 / 061
18　自顾 / 021	38　立冬 / 042	58　气血 / 062
19　自律 / 022	39　小寒 / 043	59　德墙 / 063
20　成熟 / 023	40　大寒 / 044	

第二篇　向外拦截　/ 065

1. 暗箭　/ 067
2. 流言　/ 068
3. 淤泥　/ 069
4. 熏染　/ 070
5. 诱惑　/ 071
6. 堕落　/ 072
7. 贪婪　/ 073
8. 侥幸　/ 074
9. 虚荣　/ 075
10. 怨气　/ 076
11. 私心　/ 077
12. 脂肪　/ 078
13. 重担　/ 079
14. 减负　/ 080
15. 忙碌　/ 081
16. 烦心　/ 082
17. 麻烦　/ 083
18. 懒病　/ 084
19. 暗黑　/ 085
20. 痛苦　/ 086
21. 恐惧　/ 087
22. 悲观　/ 088
23. 傲慢　/ 089
24. 裂缝　/ 090
25. 缝隙　/ 091
26. 伤疤　/ 092
27. 创伤　/ 093
28. 偏执　/ 094
29. 局限　/ 095
30. 失败　/ 096
31. 放大　/ 097
32. 网红　/ 098
33. 追星　/ 099
34. 黎明　/ 100
35. 文化　/ 101
36. 简化　/ 102
37. 小我　/ 103
38. 自大　/ 104
39. 低浅　/ 105
40. 自污　/ 106
41. 自救　/ 107
42. 托举　/ 108
43. 南墙　/ 109
44. 知止　/ 110
45. 妄动　/ 111
46. 清净　/ 112
47. 损友　/ 113
48. 管理　/ 114
49. 抑制　/ 115
50. 拂拭　/ 116
51. 实用　/ 117
52. 从众　/ 118
53. 臃肿　/ 119

目录

第三篇　向上立志　/ 121

1　向上　/ 123	17　礼敬　/ 140	33　烂熟　/ 158
2　攀登　/ 124	18　逆境　/ 141	34　虚空　/ 159
3　梯进　/ 125	19　悲鸿　/ 143	35　示弱　/ 160
4　立士　/ 126	20　改名　/ 144	36　柔软　/ 161
5　心高　/ 127	21　改变　/ 145	37　柔和　/ 162
6　立志　/ 128	22　摔碗　/ 146	38　学生　/ 163
7　快乐　/ 130	23　菩提　/ 147	39　朋友　/ 164
8　鸿鹄　/ 131	24　冤兔　/ 148	40　明师　/ 165
9　方向　/ 132	25　困局　/ 150	41　大师　/ 166
10　信念　/ 133	26　面子　/ 151	42　日新　/ 167
11　志学　/ 134	27　假装　/ 152	43　上坡　/ 168
12　考试　/ 135	28　格局　/ 153	44　较量　/ 169
13　乐学　/ 136	29　青春　/ 154	45　为公　/ 170
14　消化　/ 137	30　做主　/ 155	46　无益　/ 171
15　学礼　/ 138	31　当下　/ 156	47　吃苦　/ 172
16　主敬　/ 139	32　磨炼　/ 157	48　隐德　/ 173

第四篇　向下扎根　/ 175

1　向下　/ 177
2　扎根　/ 178
3　根系　/ 179
4　系统　/ 180
5　竹子　/ 181
6　卷柏　/ 182
7　野草　/ 183
8　浮萍　/ 184
9　稻草　/ 185
10　知了　/ 186
11　本土　/ 187
12　大道　/ 188
13　深流　/ 189
14　苦难　/ 190
15　养苦　/ 191
16　煎熬　/ 192
17　熔炉　/ 193
18　忍耐　/ 194
19　耐烦　/ 195
20　忍辱　/ 196
21　枯燥　/ 197
22　慈忍　/ 198
23　运气　/ 199
24　专注　/ 200
25　笨功　/ 201
26　积累　/ 202
27　积淀　/ 203
28　沉潜　/ 204
29　含蓄　/ 205
30　热爱　/ 206
31　痴迷　/ 207
32　聚焦　/ 208
33　突破　/ 209
34　问题　/ 210
35　归位　/ 211
36　明德　/ 212
37　知史　/ 214
38　洗涤　/ 215
39　深情　/ 216
40　情绪　/ 217
41　缓冲　/ 218
42　诚实　/ 219
43　真诚　/ 221
44　细节　/ 222
45　精神　/ 223
46　有光　/ 225
47　无我　/ 227
48　不争　/ 228
49　完美　/ 229

目录

第五篇　向前修行　/ 231

1　修行　/ 233
2　为己　/ 235
3　歧路　/ 236
4　耕耘　/ 237
5　坚持　/ 238
6　放弃　/ 239
7　孵化　/ 240
8　抬举　/ 241
9　直面　/ 242
10　化解　/ 243
11　无怨　/ 244
12　活读　/ 245
13　目光　/ 246
14　眼光　/ 247
15　听音　/ 248
16　慎言　/ 249
17　贵言　/ 250
18　好话　/ 251
19　风水　/ 252
20　养善　/ 254
21　爱善　/ 255
22　小善　/ 256
23　智慧　/ 257
24　修心　/ 259
25　磨心　/ 260
26　心平　/ 261
27　磨合　/ 262
28　尽心　/ 263
29　安心　/ 264
30　心力　/ 265
31　胆气　/ 266
32　炼神　/ 267
33　免疫　/ 268
34　花园　/ 269
35　吃亏　/ 271
36　谦卑　/ 272
37　舍得　/ 273
38　刚柔　/ 274
39　境界　/ 275
40　老实　/ 276
41　有趣　/ 277
42　微笑　/ 278
43　德势　/ 279
44　温和　/ 280
45　静气　/ 281
46　三见　/ 282
47　三识　/ 283
48　主气　/ 284
49　相对　/ 285
50　逆商　/ 286
51　节奏　/ 287
52　远行　/ 288
53　平稳　/ 289
54　幸福　/ 290
55　慈悲　/ 291
56　魔变　/ 292

参考文献　/ 294

第一篇 向内自省

内求	三省	四问	身体	品德	仁镜	付出	待人	逆行	觉察
用心	闻过	无知	贵贱	穷富	色难	独处	自顾	自律	成熟
圆满	心花	心灯	引领	唤醒	觉醒	感应	知耻	内在	时光
立春	抬头	春分	清明	谷雨	小满	中秋	立冬	小寒	大寒
除夕	借口	经历	整理	舒服	习惯	厨房	敏感	家校	排序
唠叨	闭嘴	晾晒	有间	不服	赚钱	刹车	气血	德墙	

第一篇篇首页图作
图名：《柳溪晚钓图》
绘者：齐白石

第一篇　向内自省

1　内　求

"尽日寻春不见春，芒鞋踏破陇头云。归来偶把梅花嗅，春在枝头已十分。"很多时候，我们就像这首唐诗一样，越向外寻越寻不到春，反而归来偶得。人总在不断向外求中磕磕碰碰、跌跌撞撞，乃至头破血流、体无完肤，最终想求的没求到，不想求的却"无心插柳柳成荫"。

向内触摸自己的内心，代表着生活态度的彻底转变，是一种全新的生命体验。我们之所以回避向内求，乃因内心怯懦，不敢面对真实的自己。

从心态层面看，向外求时总在焦灼地向外索取，而向内求却是遵从内心，不急不躁。例如天气炎热，向外求时总想找到阴凉的地方和空调；而向内求时能抹去自己内心的焦躁，心静自然凉。

从心力层面看，向外求的人不是在找工作，就是在找工作的路上，在辗转跳槽中迷失方向；而向内求的人，会将追求自己所热爱的事业作为一生的奋斗目标，心有定向则一往无前。

从心性层面看，向内求就像王阳明所说的，是找到内心的天理，挖掘内心的良知，激活自己的仁义礼智，找到上天的使命。

"行有不得，反求诸己"，向内求，意味着从生活琐碎、一时得失中抽离出来反思自己。"有诸己不非诸人"，自己身上有的毛病，就不要去批评别人有这样的毛病。我们往往非常清楚别人的错误，对自己的错误却熟视无睹，殊不知别人的错误是用来规正自己的镜子——提醒自己身上有没有这个毛病，要不要改正。"无诸己不求诸人"，自己没做到的，也不要求别人做到。在职场上，尤其是身处管理层的人，只有自己做出表率，才能不令而行。

内求中的反省是在不断地积蓄能量。我们虽然拥有很多东西，但却往往忽略了内心能量的储备。我们在世俗与功利之间迷失、焦虑，在荣耀与地位之中陶然自得，在内心虚弱时，那些曾经引以为傲的东西也许会变为成长路上的障碍，让我们弯不下腰、低不下头，而反省能让我们适时清除心灵的垃圾，丢掉沉重的包袱，激荡起昂扬向上的浩然之气。

（本文2022年7月2日以《向内求才可贵》为题刊登于《广州日报》"每日闲情"栏目）

2 三 省

曾子给我们立了三面反省的镜子："为人谋而不忠乎？与朋友交而不信乎？传不习乎？"

忠，就是尽己之心，心里始终装有别人。一旦尽心，就会有智慧、有创意、有办法；如没尽心或诚意不够，就会开始找借口找退路，一退再退，不了了之。

信，指言语真实，引申为诚实不欺，是道德的源头。"信者人恃之"，你承诺的事都能办好，别人就依赖你，依靠你。我们经常会做一些小的承诺，但往往并未放在心上，没有真正当回事去兑现，时间久了，别人也就不会把你当回事了。信守承诺、言行一致，不只是落实在大事上，更是要在小事上一点点积累，最终成为一个靠谱的人，一个值得别人托付的人。

习者，譬如小鸟学飞，不断模仿、反复练习，直到有一天能飞起来。习，不仅是复习，更是练习、习得。"学而时习之，不亦说乎"，真正意义上的"习"是一件很快乐的事情。学习之道，不能浅尝辄止，要下足笨功夫，要"活出来"，只有把一条条道理灵活运用出来，才算是真正学到。

不妨每天都这样反省自己：忠乎？信乎？习乎？随时反省，常常纠错，终身坚守，永葆活力。

3 四 问

1942年7月20日，在育才学校建校三周年纪念会上，教育家陶行知提出著名的"每日四问"：我的身体有没有进步？我的学问有没有进步？我的工作有没有进步？我的道德有没有进步？这至今仍值得我们学习借鉴。

身体是人的根本，是学习和生活的本钱。怎样护好这个本钱？办法也很简单，让身上的肠胃、经络、气血等通畅就好。所谓病由心生，多数人最大的病症就是想不通，一旦想不通，情绪不定，让负面情绪肆意滋长，难以做到中正平和，身体就容易出问题。思想怎样才通？切记人生不如意十之八九，常念一二之如意。

学问既是学出来的，也是问出来的，要不断追问、反思，打破砂锅问到底，不弄明白不罢休。"纸上得来终觉浅，绝知此事要躬行"，没有躬行亲历，可能只知皮毛，真正的学问一定来自生活实践，而非书本里。学问还是悟出来的，靠自己一点点地悟。学问是一辈子的事，要养成不断琢磨的习惯，有事没事时都多琢磨：还能不能更好些？还可以怎样改进……

工作是干出来的。"干"字一竖往下延伸，似钉钉子，要像雷锋一样有钉子精神，干一行爱一行，一锤一锤地扎下去；也意味着要在自己的工作岗位上扎下根去，干出成绩来。扎根于本职岗位、扎根于事业，才能干得好、干出彩、干出品牌。

道德是修出来的。怎样修？要一门心思修公心，将别人放在心里，常常反思：别人需要什么？我能为大家做点什么？我能为社会做点什么？修公心就是要做到"无我"，无我便能心安。

第一篇　向内自省

4 身　体

怎样才能拥有健康的身体？

有位专家说，好身体无非是吃喝拉撒，越简单越是大道：不饿不吃饭，保持半饥饿状态，不要吃太饱，很多病是吃出来的；不渴也要喝水，喝水喝在口渴前，感觉到渴了的时候身体已经释放出缺水的信号了；大便不用力，如果一个人大便时要很用力才拉出来，说明身体出状况了；小便时认真专注，不看手机、不干别的事。

还有很重要的一点，就是坚持锻炼身体，每天至少连续运动半小时。这能坚持吗？未必。睡个懒觉，赖个床，偶尔慵懒一下；今天刮大风，明天下小雨，不能在户外锻炼了；后天突然有紧急任务，忙到连吃饭的时间都挤不出来，哪还有时间锻炼啊？

子曰："未之思也，夫何远之有？"意思是，还未是真思念，如果真思念，抬脚就走，哪有什么远不远？这里"思"的对象，说的是爱人，也可以延伸到做人做事上。

假如承诺别人的事没做到，你也许会说"对不起，实在太忙了"，但真有那么忙吗？还是觉得对方不那么重要？

假如你下决心培养一个好习惯，坚持几天就坚持不了，并总能找到借口敷衍自己，那就证明你还没有真正下定决心。而每天刷牙洗脸、三顿饭，几十年风雨无阻都能坚持下来，又有什么不能坚持的呢？

靠什么去坚持？靠心力，靠真心之力。天下事不怕做不到，就怕不是真心去做。有了真心之力，一切都在计划之中，何愁不能坚持？

5 品　德

品德，指道德品质，也称德性或品性。

"品"字三个口，一个人的品性肯定不是任由自己说的，而是由别人评说的，只有别人说你品性好才是真的好，自己说得再好也没用。

"德"跟"得"谐音，别人跟你相处共事时，能有所增益或获得成长，说明你德性好。如果别人因你而有所损失或遭受灾祸，则说明你缺德或德性有亏了。

可见，一个人修炼品德，关键是端正自己，厚重德行，成就他人。

6 仁 镜

"仁者不忧。"我们大部分的忧虑和焦虑都是在忧自己的名利，所谓"天下熙熙皆为利来，天下攘攘皆为利往"。仁者之所以不忧，是因为仁者心中没有贪欲，且心中充满正义光明，故仁者无敌。面对"仁"这面镜子，人的内心或高或低，一照便知。

心在高处的人，看见别人有好运好事好观点，就像自己也拥有一样高兴，并谦卑地前去请教；看见别人遭遇了坏事，就好像灾难落到了自己头上，为之伤悲，并有帮助其解决问题的迫切感。心在低处的人，见不得别人的好，对于别人遭遇可伤可痛之事，更是没有丝毫恻隐之心，事不关己，高高挂起。

怎样用好"仁"镜呢？孔子曾答仲弓问仁："出门如见大宾，使民如承大祭；已所不欲，勿施于人；在邦无怨，在家无怨。"首先，出门遇见的每个人都是贵人，恭恭敬敬地对待每个人，以礼相待。其次，请别人做事，要像承接重大的祭祀典礼一样，心怀敬畏、庄重严谨、次序分明。再次，自己所不想的，就不能施加给别人；自己想求的，要先想到给别人。最后，无论在什么场合，做到毫无怨言、化解牢骚，远离负能量，传播正能量。

"我欲仁，斯仁至矣。"仁并非高不可攀，只要你想，仁就在身边；仁是一种行动自觉，只要心存善念，事事都可行善，人人都可为圣。

7 付　出

你付出了真诚，就期望得到相应的信任；你献出了爱心，就期望得到充分的尊重。但现实生活中往往并不那么如意，你的真诚和爱心可能换来的却是冷漠和奚落。

不过，如果你对别人虚情、假意、猜忌甚至嫉恨，别人还给你的一定是一堵厚厚的墙、一颗冷漠的心、一张冷酷的脸。

当别人向我们泼来脏水、发出戾气、表现出不敬时，当别人质疑我们的真诚时，我们应冷静反省自己，思考我们是否拿出了善意、仁厚、宽容、慈悲等君子之德，思考对方为何发泄出了不好的东西。

人心之贵，贵在能宽。当别人误解你、诽谤你甚至仇恨你时，你依然能拿出仁德之心去面对、去化解，此为至高境界。

8 待 人

如何待人？宽以待人，一个"宽"字足矣。

"宽"字宝盖头，虽然有时因矛盾冲突冲昏了头脑，遮盖了人的视野，扰乱了自己的判断，但"宽"的中间是草字头，下面一个"见"字，意为要善于见到青草，看到事情的转机和希望。见到青草就是见到生命的活力，心因此而宽，人因此而能宽容，能容人容事，则委屈更易消散。

"躬自厚而薄责于人，则远怨矣。"人与人之间难免会有各种矛盾纠纷。一旦发生矛盾，应多作自我批评，尽可能少指责别人，则可以远离怨恨。假如互不相让、针锋相对，只会火上浇油、恶化事态。

假如把对别人发出的全部要求用来提高自己的修养，那么即使再难的矛盾也可以化解，即使再窄的心路也可以走宽。

9 逆　行

人生是一场逆水行舟的自我修行，每向前修行一步，都将面临更大的挑战，都会付出更大的代价，也都会有不一样的感悟。

逆水行舟，不进则退。唯有时刻唤醒内在精进之心，在自我觉察中，修一颗昭明之心，才能照亮漫漫前行路。

人处逆境，应以"宽"字自养，在等待中寻找新机会。《易经》中《需卦》云："需于沙，小有言，终吉也。"大意是，由于等待的地方沙砾遍野、环境恶劣，等待者身处这种恶劣环境，会发出一些怨言，但仍继续等待，最终还是吉祥的。

面对逆境，谁能忍常人所不能忍，谁就能坚持到最后，谁就可获得最后的胜利。逆中取宽，可将躁进转化为柔退，可在等待中寻找新的发展机遇。

10 觉 察

大多数人似乎渐渐缺失了觉察力，对外在或内心的事物时常浑然不知。不仅对自我，就是对环境、色彩、人、树、云朵、河流等，也都变得麻木不仁，很难看到鸟儿、云朵或树叶之美，更难以看清极其复杂的人。也许是我们太关心自己了，关心自己琐碎的小问题、想法与快乐、欲求与野心，以至于无法客观地进行觉察了。

一个人只有致力于使自己内在变得简朴、纯粹，才能洞察世情，觉察到生命的真谛，所有的冲突也会随之烟消云散。

11 用　心

在教师节期间，某地许多标志性楼盘或公共建筑物上都醒目地亮灯祝福"教师节快乐"，教师们都为之精神一振。但这样的用心是一时的，还是长久的？是应景即时式的，还是尊师重教风尚使然？

我们不宜过分期待别人如何对我们用心，我们唯一可以做的，就是自己必须用心，忠于职守、尽心竭力。

用心做最好的自己，用心成就每一个孩子，用心做最好的教育，用心坚守我们的使命。

12 闻 过

过错，人皆有之。当听到别人指出自己的过错之后，是闻过则怒，还是闻过则喜？是心有不忿，还是三省吾身？不同的态度，折射出为人处世的不同胸襟格局。

孟子曰："子路，人告之以有过，则喜。禹闻善言，则拜。大舜有大焉，善与人同，舍己从人，乐取于人以为善。自耕稼、陶、渔以至为帝，无非取于人者。取诸人以为善，是与人为善者也，故君子莫大乎与人为善。"

孟子在谈到对待过错的问题时，举了子路、禹和舜的例子，从闻过则喜，到闻善言则拜，再到与人为善，虽程度不同，但都是善于吸取别人的优点而勇于改正自己的过错。

毋庸讳言，在现实生活中，批评要比赞扬更难以接受，许多人在"好话"的空气里待久了，对批评的承受力慢慢变差。

面对别人的批评，即使达不到闻过则喜的境界，至少可将"过"当作反观自身的镜子，做到知过不讳、闻过不怒、改过不惮、与人为善。如此，则如子贡所言："更也，人皆仰之。"

13 无　知

穿鞋的人出门肯定要讲究一番，出席正规场合，要将鞋擦亮弄干净；走泥泞地时，要小心翼翼地避开水洼地。但光脚的人却什么都不怕，脚上什么也没有，连草鞋也没有，便无所顾忌。

无知者无畏。只有无知，方能保持好奇好学的状态，方能生发勇猛精进的无畏精神。现在有的学生，就是缺乏好奇之热情，只对刷题和分数感兴趣，对学习之外的自然、生活、社会、国内外热点大事漠不关心，这是很局限的。"风声雨声读书声声声入耳，家事国事天下事事事关心"，这才是一个朝气蓬勃的青年学生应有的学习常态啊。

一无所知，才能随处拜师。"三人行，必有我师焉。""子入太庙，每事问。"唯有将自己视为一无所知的小学生，方能处处见明师，否则所谓"高知"的自恃和狭隘的经验往往会蒙蔽我们的双眼。

无知者无求。真无求者鲜矣，现代生活温饱已不是问题，至于更高的物欲，则难以穷尽。"君子食无求饱，居无求安，敏于事而慎于言，就有道而正焉，可谓好学也矣。"这是孔子描述的好学形象，当践行之。

当然，这个无知，还应是虚空和谦卑。唯有如此，方能承接天地万物圣人之智慧。

14 贵 贱

"王侯将相,宁有种乎!"两千多年前,揭竿而起的陈胜、吴广的一声呐喊,让无数人为之热血沸腾。而关于贵贱,孟子的"赵孟之所贵,赵孟能贱之"可谓至理名言。

孟子曰:"欲贵者,人之同心也。人人有贵于己者,弗思耳。人之所贵者,非良贵也。赵孟之所贵,赵孟能贱之。《诗》云:'既醉以酒,既饱以德。'言饱乎仁义也,所以不愿人之膏粱之味也;令闻广誉施于身,所以不愿人之文绣也。"

孟子这番话的意思是,"希望尊贵,是每个人都有的想法。而每个人都有自己尊贵的东西,只不过没有想到它罢了。别人所给的尊贵,并非真正的尊贵。赵孟能使你尊贵,也能使你卑贱。《诗经》说:'酒已经醉了,德已经饱了。'这是说,如果仁义道德很充实,也就不羡慕别人的美味佳肴了;四方传播的好名声在我身上,也就不羡慕别人的绣花衣裳了"。

每个人都有自己尊贵闪亮的东西——仁义礼智信,只需唤醒之、践行之,但有些人却往往舍近求远,老想着攀龙附凤、寻找靠山,奢望从别人那里得到尊贵。殊不知,别人施舍的尊贵并非真正的尊贵,别人既然能给你,也能随时拿走,到头来还是小我一个。

15 穷 富

繁体"窮"字，像是一个人弓着身蜗居在狭小的洞穴里，困顿贫穷，视野狭窄，格局狭隘。简体的"穷"字，则是穴字头下面一个"力"字，意味着一个人在洞穴里不断用力，甚至用蛮力，内耗折腾，越内耗就越痛苦，越折腾越没有出路，空有一身力气，结果是越来越困顿。

要脱离"穷"境，唯有像"富"字一样，珍惜家里的"一口田"。这口"田"便是每个人与生俱来的"心田"，耕耘好这口"心田"，去除私心杂念，修炼内心定力，然后走出洞穴，打开局面，全力以赴，勇毅前行，人生便会豁然开朗。

由穷及富，虽一步之遥，却需付出艰辛的努力，尤其要耕耘好自己的心田；由富及穷，虽一念之差，却只需"躺平"就可以了，尤其是持续地放纵与堕落。从某种意义上说，只懂得竭力索取的人，都是穷人；而能不断给予、成就别人的人，才是真正的富人。

16 色 难

"孝","老"字头,"子"字底。也许,只有上有老、下有小的中年之家方能真正理解"孝"。因为"孝"本身要连接"老"和"子",向上要侍奉长辈,向下要养育孩子,还要力求在自身事业上有所成就,这时才能切身体会到这"孝"的深意。

王阳明曾问弟子是否知道孝,弟子们都说知道。但王阳明说,你们说的知道,可能只是字面上的意思,只有真正去做,知行合一了,才能说真正知道孝。

孝是有标准的,有最低和最高标准,二者都做到了,才是真正的孝。

古人曾云:"父母唯其疾之忧。"意指父母亲只需担心孩子是否生病,至于事业、家庭、房子、金钱等事情,父母亲则不需要操心。反过来说,就是做子女的要在为人处事、成家立业等方面不让父母忧心,更不能让父母担心自己学坏;至于生病,有时是在所难免的,我们最多只在身体康健上让父母有所担心。此即孝的最低标准。

最高标准又是什么?孔子论孝时说到"色难",意思是面对父母时保持脸色好看是不容易的。因此,在面对老人时要常常提醒自己保持和颜悦色,不能有一丝一毫的厌烦,这个虽难,但是也要坚持做到。

孝是一条家族流动的生命之河,需要每一个家庭成员为之奉献,为之耕耘,为之注入鲜活的智慧,使之生生不息、奔腾向前。

17 独　处

独处是一种比与人交往更重要的能力。如果一个人无法安排好与自己的相处，将是一种巨大的遗憾。

一个人，看一朵云慢慢飘过，观夕阳在对面的山头徐徐消失，听蟋蟀在平台上弹琴，在星光零落的天幕下沉思，伴着小溪的流水声发呆，在阳光下清点往事，伴着音乐读一本书，与高尚的人对话，独自去寻找诗和远方……这些都是生命中很重要、很美妙的体验。人在独处时，方能与自己的灵魂相遇。独处使人成长，适度的孤独感让人深刻、优雅。

父母也好，爱人也罢，朋友同事以及所有的人，与他们愉悦共处，那都是上天的恩赐，要倍加珍惜。而一旦离别，也别太伤感，离开或暂时离别是正常的，独处才是生命的常态。

独处是生命中重要的修行。它可以让人放下很多东西，例如愤怒、纠结、狭隘、悲观、沮丧、挑剔、指责、肤浅、短视和计较，放下一切无知、干扰和障碍，这也许是独处的真谛。独处不是为了得到，而是为了放下，是为了遇见更好的自己。

独处可以让心灵放松，让精神愉悦。独处好比生命远航中的一次停泊、休整、加油，随后更好地远航。

18 自 顾

自顾不暇，指照顾自己都来不及，更无法照顾别人了。这不应该是生活的常态。

自顾，即一个人首先要自己照顾好自己。在当今社会，真正能做到"自顾"的人也的确不容易。

怎样照顾好自己呢？ 一是觉察。要觉察自身的价值取向、目标定位、身份角色，以及身体和情绪的变化，反思变化的原因。二是接纳。接纳自己的不足和焦虑，发掘优势，积极应对和化解负面的东西。三是感恩。感恩生命是一个奇迹，感恩亲友是今生缘分。四是行动。坚持学习，贮存快乐，保持和谐的人际关系。

当一个人自顾"有"暇了，照顾好了自己，才有时间、有能力去照顾好身边的人。

19 自 律

　　自律，是一种内在的力量；严格自律，是一个人贵族精神的体现。

　　自律，不仅仅是六点起床、七点学习，更重要的是，不管别人怎么说怎么看，你都会坚持去做，绝不随便打乱自己的节奏。我们发现，有的人不能控制自己的情绪，不听长辈同行的劝诫，跟着感觉走，想怎样就怎样，最终荒废了时间，浪费了青春；更有的人不能节制个人的欲望，任由贪欲肆意膨胀，抄近路走捷径，拉关系走后门，千方百计上位，绞尽脑汁敛财，最终导致人财两空、声名狼藉。

　　人人都渴望自由，然而，真正的自由不是随心所欲，而是自我约束，是使自由在一个适度的空间环境里运行。可以说，自律是自由的前提，只有做到了自律，才能真正拥有自由的人生。

　　从某种程度上说，自律，就是给自己头上加一个"紧箍圈"。如果现在你还没有，就得给自己增加一个。

20 成　熟

在物质丰裕的现代文明社会，一个人生理上的成熟比较容易，但精神上的成熟却需历练。

人的成长是一个不断怀疑、否定、推翻、重建与求证的过程，是不断忍受痛苦与挣扎、蜕变与重生的过程，是不断坚定志向、脚踏实地、仰望星空的过程。如果忧伤与痛苦没有被踩在脚下，如果理想与信念没有化作动力，如果风景与经历没有印在心上，一个人就不可能真正在修炼中成熟，即使走得再远，最终也只是个过客。

不要盲目地去追一匹野马，用追马的时间种草，待到春暖花开时，就会有一批骏马任你挑选。不要刻意去逢迎某个人，用暂时没有朋友的时间去提升自己的能力，待到时机成熟时，就会有大批的朋友与你同行，用人格吸引来的朋友才是长久的。丰富自己，比取悦他人更有力量，花若盛开，蝴蝶自来。

许多人所谓的成熟，不过是被世俗磨去了棱角，变得圆滑世故且现实，事实上那只是精神的早衰和个性的消亡。真正的成熟，应是有独特的个性、真实的自我和独立而丰润的精神。

真正的成熟，是即使在平静流淌的小河里，也能发现细小的浪花、欢乐的涟漪；即使在乌云蔽日的时光里，也能看到那耀眼的金边、天空的亮色；即使在一箪食、一瓢饮、一豆羹的简陋生活里，也能安享生活的百般滋味。

2.1 圆 满

圆,是人们最喜欢的形状;圆满,是一种丰富又美好的心理期望。

圆,没有棱角,意味着不冲突、不对抗。我们通常把一个人历尽沧桑之后拥有的成熟与智慧,称为"圆熟"。

远古人类对圆的喜爱,也许是追求美的起端。为了形成圆,磕碰、打砸已不够用了,而是需要漫长的岁月去一点点地"磨"。事实上,好的东西,圆满的东西,都是"磨"出来的。而"磨",就意味着耐心和坚持。

一点一点地在事上磨,磨去私欲、惰性、狭隘和局限,磨出一颗通透、圆润、发光的心。

22 心　花

这是一个空前复杂的世界，农业文明、工业文明、后工业文明彼此裹挟；全球化、中产化、打工人、佛系、躺平、内卷各种概念此起彼伏……真是乱花渐欲迷人眼。在这样一个欲望奔腾的时代，如何守一方清静、成一番事业？唯有心静花开，信念专一，方能如清莲之出淤泥而不染。

毛泽东在湖南第一师范学校就读时，住在第八班寝室里，为了专心学习，他跟室友提倡"三不谈"：不谈金钱，不谈家庭琐事，不谈男女问题。因为只有有志于学，有志于救国救民，方能远离俗事、心花盛开，探索中华振兴之伟业。

苏东坡晚年被贬往海南，瘴雾三年、艰难困顿时，却依然能物我两忘，超然物外。他在《独觉》诗中写道："浮空眼缬散云霞，无数心花发桃李。"虽然老眼昏花，看景物一片模糊，可自己内心的花开了，就如同春天的桃花、李花那般灿烂盛开。

"花开花谢终有时"，植物世界的花都有凋谢的时候，唯有心花永存。

23 心 灯

"守"字，宝盖头、"寸"字底。"寸"是短小的意思，意味着一个人能守住的东西是很少的。那么，我们究竟要守住什么呢？

守财，能守得住吗？有的人稀里糊涂地发了横财，或巧取豪夺成了暴发户，但真正能守住财的人寥寥无几，正所谓"货悖而入者，亦悖而出"。赚的钱太多，几辈子都花不完，留给子孙行吗？假如子孙不贤，金山银山也会被坐吃山空。如林则徐所言，"子孙若如我，留钱做什么？贤而多财，则损其志；子孙不如我，留钱做什么？愚而多财，益增其过"。守财，最多能成个守财奴。

守位，能守得住吗？有的人德不配位，即使上位了，要勉强守住也很艰难，正所谓"多大的头戴多大的帽"。有的人在其位不谋其政，即使赖在位子上，人民也会将他赶下台来。

守住良知。良知良能，人人都有，遇事问自己的良知，问自己日益积累的仁义礼智，问自己是否尽心、是否无愧。不问别人，不找借口，而是时常反省自己，对照仁义礼智的追求不断更新自己。

守住常识。常识是什么？是《大学》中所讲的"本末、终始、先后"，很多时候我们都弄反了这三对关系。经济学家何帆在《变量》系列书中反思，在学校里，孩子一生最重要、最实用的东西却难以学到。例如，在生活上怎样养活自己？怎样收拾房间？怎样保持身体健康？怎样找到异性朋友？怎样生孩子？怎样教育自己的孩子？在学习上怎样发现自己的才能和兴趣？怎样学会自我控制？怎样更有效地学习？怎样培养思考能力？怎样把不同的学科知识融会贯通……最终的结果是，十多年寒窗苦读，一家人省吃俭用，每天紧张焦虑，只换来几张纸：一张录取通知书、一张文凭证书、一份求职简历。

而这些，难道是我们所期待的结果吗？立德树人才是教育的"本"！可是，一面对分数和高考录取率，教育的"本"可能不得不让道了。该让教育回归本源：教育应照亮人生，让孩子成为真正有用的人，要把最普适的价值和做人道理教给孩子。

24 引　领

很多时候，我们往往是"身在此山中，不识真面目"，反而旁观者清。因此，在十字路口、在低谷处、在困惑时、在迷雾中，人是需要高人引领的。而怎样给予引领呢？

首先，立于高处。只有立于高处，目光深远，方能引领。而立于高处者，使命感要强、境界要高、心量要大。

其次，扎于实处。引领者务必有真功夫、真本事，不能只耍嘴皮子，要能解决问题，尤其要能在现场解决问题。不一定什么事都要亲力亲为，但一定什么事都要门儿清。王澍造房子之所以能造出一个小世界，源于他清楚工地上的每一根钉子是怎么钉进去的，这是他成功最关键的因素。

再次，点在痛处。要善于针对人的个性化痛点予以点化点通点顺。这个点犹如中医神奇的针灸，找到痛处，不动声色地施一针，一针而通彻，浊气和寒气被逼出体外，气血通畅，身心愉悦。人心所有的痛点都隐藏于一条缝中，找到那条缝，把道德之光、智慧之光、人性之光打过去，人才会觉醒。

25 唤　醒

唤醒是教育中最难的事情。在《觉醒年代》中，李大钊与陈独秀讨论怎样唤醒国民的问题时，提到是用炸弹还是用持续的闹钟，非常值得深思。

想唤醒一个人，真的很难。沉睡的人，身体是躺下的，心是躺平的，他在黑暗和恐惧中沉默。更可怕的是，他渐渐地会习惯于黑暗与恐惧，再也走不出来。

怎样唤醒呢？这首先需要教育者有一颗柔软而又善于等待的心。其次，需从三个方面着力：一是在日常生活中提炼出点点热情，温暖人心；二是把人心扶起来，将人带到开阔处，打开其视野格局；三是引导人反复在小成功中树立信心，并转化为自我成长的持续动力。醒来的人，心是亮着的，他能看见阳光和希望。

教育的本质是教育者的自我教育。因此，教育者首先是唤醒自我，通过自我教育提升自身的生命状态，进而以自己鲜活的生命状态影响和唤醒孩子的内在，引导孩子最终走上自我成长之旅。

26 觉 醒

觉醒，是从睡梦中醒来，自觉地醒来。"觉"是心立起来了，"醒"是"觉"的结果，是"觉"要到达的地方。觉醒的人知道自己是谁，要干什么，到哪里去。

很多时候，孩子在半梦半醒之间，或者沉睡不起，或者干脆装睡。怎样才能让孩子醒来？现实生活中的做法其实很简单：早上，太阳一出来，把窗帘一拉开，人就醒了。

那么，遮挡阳光进入孩子内心的窗帘到底是什么？是谁挂上去的？也许，这道窗帘是孩子自己加上去的，是一道自我遮挡的屏障；也许，这道窗帘是点滴累积的世俗功利、经年累月的唠叨抱怨凝聚而成的阻碍。

要唤醒孩子，就需要教育者自己活成一个有光的人，接着给孩子的内心输送一束光，师与生共同努力驱除那遮蔽光的屏障。

27 感　应

　　感应，即互相感动、响应。真正的沟通关键即在于感应。

　　感应一定是相互的、流动的。例如，当我们真心敬畏别人时，对方就能接收到信息，反过来也会对我们产生敬畏。于是敬畏的能量就在沟通中流动，形成更深层次的超越语言的沟通。

　　要达到感应的境界，第一关是至诚，稍有不诚，对方感受到的可能便是"乱码"。没有"诚"字的参与，你说你的，他听他的，所言入不了耳，更入不了心，有感无应，形不成共振。

　　感应，源自生命的根本或灵魂深处的东西，是真的在乎对方，即是真爱，是沟通要达到的最终目的——只要"你在乎我"就足够了，其他的并不重要。

　　有真爱的人会放低自己的标准，牺牲自己，有时会很难受很痛苦。但，唯有将自己的"有"放下时，才可能发现对方有许多东西比你的"有"更有价值。

　　一旦感应建立起来了，就会沟通无障碍，就能达到理学大师程颢"教人而人易从，怒人而人不怨"的境界。

28 知 耻

今天是 2023 年 9 月 18 日，92 年前的今天，日本悍然发动了震惊中外的"九一八"事变，3000 万同胞蒙难。今天再谈血泪史，是为了勿忘国耻，铭记历史，坚定奋进信念。

知耻是一个民族的警觉，也是一个人的警醒。就个人修身而言，"知耻近乎勇"。只有懂得羞耻，才能自省自勉，奋发图强。有羞耻心的人，才能勇敢面对自己的错误，战胜自我。常怀羞耻之心，不仅可正身，可养浩然之气，还可知进取，成千秋伟业。

孟子讲，"羞恶之心，义之端也""无羞恶之心，非人也"。羞恶之心，是每个人身上都有的羞耻感和愧疚感，它是来保护我们的"保险丝"。没有了羞恶之心的保护，什么话都敢说，什么事都敢做，最后必定"自作孽，不可活"，即使一时侥幸逃脱，迟早都会自取灭亡。

29 内 在

一个人倘若只有外在光鲜亮丽的生活，没有内在丰富细腻的精神生活，他最多只是活得热闹或忙碌，绝不可能活得充实和幸福。

许多时候，我们为了欲望、野心、面子而活，为了财富、权位、荣耀而活。以上种种，如看得比生命更重要，则会扭曲了我们的灵魂，即使耗费了毕生的精力，也听不见内心深处的呼唤。

只有追求内在的脱俗和高雅，才能从琐碎与庸常中抽离出来，不再陷于内心深处的是非得失之中，形成一种"登泰山而小天下"的大气象。而所处的不完美的世界，将因你内在精神世界的丰盈而得以弥补。

30 时 光

岁月催人老。时光是把刀，在树上刻上年轮，在人的额头上刻下道道皱纹。我带着80多岁的老父亲回校走走，漫步在近百亩地的校园里，偶一回首，发现曾经健步如飞的父亲竟然走不动了，走一段林荫小道后竟然需要坐下来歇一歇了。一沉思，我自己也已年过半百了，岁月不饶人啊！

时光是最公平的，不紧不慢，不慌不忙，对任何人都是如此，无论贫富贵贱。然而，同样是公平公正的时间，却造就了或丰富多彩或单调空白的生活，造就了贫富贵贱的不同人生。为何？事在人为。你可以好好利用它，也可以白白浪费它，全凭你心意所为。

珍惜时间就是珍惜生命。盲人作家海伦·凯勒曾写过《假如给我三天光明》一书，很多人不一定能够理解盲人心声，只有设身处地、身临其境，方能窥其中大略，只有感同身受，方能得痛心之悟。

所以，与其鞭策他人珍惜时间，不如倡导每个人好好爱自己，让自己活得更精彩；在自己活得精彩的同时，也让自己的亲朋好友活得更精彩。

时光啊，一如我清晨推开阳台之门时所听见的清脆鸟鸣声，清心，醒神，让人心生喜悦，满怀欢喜。

31 立 春

立春，意味着万物复苏、万象更新，春天是美好的、温暖的，是充满希望的。

一个人的成长，需顺天应时，与天地对话，从自然万物中汲取能量。例如，植物虽然不会说话，却是最坚强、最可爱的存在。人们可以像植物一样，运用自己的感官去感受生活和工作中的"狂风骤雨"，去汲取阳光雨露，向下扎根、向上生长；像植物一样，不争不抢，不断累积、沉淀和吸收营养。

每个人需在内心深处立起春来，立出一片鲜活春意，造就一方盎然生机，乃至孕育出强大的内心力量，汇聚成一束烂漫的春光！

32 抬 头

农历二月初二,龙抬头,又称春耕节、农事节,是中国民间的传统节日。在农耕文化中,"龙抬头"标示着阳气生发,雨水增多,万物生机盎然。

龙是中国人眼中神圣的存在,"二月二"这天,许多人都要理发,叫作"剃龙头",预示着一年有好的开始。

在龙抬头的日子里,当抬头挺胸,振奋精神,勤奋耕耘,稳步向前。

33 春 分

春分是我国农历中的第四个节气。"分"有两个含义,一是平分春季,二是将昼夜平分。

一半是宇宙法则。白天和黑夜,男和女,阴和阳,都是一半。生命的秘密就在呼和吸的各"一半"中。如果我们主动过一半的生活,把公心和私心作一半分配,让情和欲有一个度,让它符合天理,顺应宇宙法则,会得到意想不到的收获。过一半的生活,意味着把省下的那一半时空留给心灵。

过一半生活,就要把桌上的饭菜减少一半,把用水减少一半,把用煤减少一半,把用电减少一半,把用地减少一半,把房子面积减少一半,把所有的花销减少一半,则意味着给子孙后代省下了一半的资源。"一半",本质上是"让",是让利于他人、自然、环境、社会、国家和世界。

"春分麦起身,一刻值千金。"春分也是播种希望的好时节,愿我们不负春光,顺天应时,拔节生长。

34 清　明

清明，是我国农历中的第五个节气。清明祭祖，体现的是对先人的缅怀与感恩，彰显的是血脉的责任与传承。"清明"，提醒我们要"清晰、明亮"，展现出一种清和明亮的精神。

首先，要目标清晰。当我们虔诚地祭祀祖宗时，才会更加明白：我是谁？从哪来？到哪去？我们来自父母、来自祖父母，祖祖辈辈，总会有根、总归有源。枝再繁，叶再茂，扎向大地的根，只有一处，这便是融入血脉中的眷念，是我们的来处。而在我们的肩上，也应有使命和担当，应有为民族大义、国家兴盛而奋斗的目标，应有"活着是为了多数人更好地活"的大志和宏愿，这样才能明事明理明法，做个清楚明白之人。

其次，要精神明亮。屏蔽"浑浑噩噩、糊里糊涂"，抛弃"唉声叹气、垂头丧气"，摒弃"三天打鱼两天晒网"，拒绝"浅尝辄止、半途而废"，严防"得意忘形、骄纵张狂"……精神明亮的人，总是时时刻刻提醒自己，不断给自己提神，即便身处痛苦和无奈之中，也要提炼出一种明亮的精神来，如暗黑里的一盏灯、一束光，始终保持自己的明亮与清晰，温暖和照亮身边的人。

35 谷 雨

谷雨,春季的最后一个节气,寓意雨生百谷,降水日增,万物生长。

陕西省白水县有"谷雨祭仓颉"的习俗,这是自汉代以来流传千年的民间传统。传说在黄帝时代,仓颉在梦中说,我想要五谷丰登,让天下的老百姓都有饭吃。第二天真的满天落下谷粒,黄帝便把下谷子雨的这天叫作谷雨节。祭祀仓颉的仪式体现了中华民族对这位文字始祖的崇拜,承载着重大的历史文化信息和原始记忆,仓颉造字故事与仓颉开拓精神得到了有效的传承。

"谷雨过后再无寒,人间芳菲已向暖",值此"蒸蒸日上"的时节,我辈当效仿仓颉"让天下老百姓都有饭吃"的使命担当,勇于开拓,奋勇争先,勇毅前行。

36 小 满

夏季的第二个节气是小满,其含义是夏熟作物的籽粒开始灌浆饱满,但还未成熟。二十四节气中没有大满,却也未尝不是件好事。"花未全开月未圆"的境界令人期待,人生追求小满就好。

与人言谈,话不说太满,意犹未尽,留下维系关系的空间,期待下次再叙;与人相处,事不做太绝,留有余地,各留一线,日后好相见;从事管理,心不可太傲,常怀敬畏,先"管"好自己,再去"理"别人。

李叔同曾说,只希望事情失败。因为事情失败,不完满,才使他心生惭愧,了解自己德行欠缺、修为不足,才会努力用功、改过迁善。否则,就会心满意足、洋洋得意,增长"贡高我慢"的念头,最终生出种种过失来。

做人做事当如李叔同所言,常怀惭愧心,谨小慎微,心安理得,日益精进。

37 中 秋

中秋月圆，美好幸福。中秋，恰逢三秋之半，是我国四大传统节日之一，有祭月、赏月、吃月饼、看花灯等习俗。

"秋"字，古代有种写法是"穐"，从禾从龟，其中"龟"即龟卜。"秋"的字面意思是，以收成盘点一年得失，并预判来年走势。

《尔雅》中对"秋"的释义是"白藏"和"收成"。其中，秋在五色中对应"白"，"气白而收藏"，收藏即收敛；"收成"含收获、成器之意。这里"秋"的寓意是，一个人有了收获，要懂得收敛，才能更上一层楼。

值此中秋佳节之际，当借丰收之喜悦，小结规划，仔细思量，收敛慎行，以不忘初心，明察秋毫，锐意进取。

38 立 冬

今天上午我校低年级的孩子在家长的带领下到绿岛湖中心打疫苗，现场秩序井然。在厅堂内留观区留观期间，我发现有的孩子在与父母小声交谈，有的孩子在打闹，有的孩子在温习功课。但令人遗憾的是，更多的孩子在看手机、观视频、玩微信，较少见到拿着书在阅读的孩子。

怎样引导孩子利用好闲暇时间？这值得家长们深思。优秀的人总是善于用好空闲时间读书、学习、交流、思考。

今日立冬，我们宜将自己立于"冬"处，常存敬畏之心，常怀忧患之念，随时都有危机感——孩子二三十年之后能否自立自强？未来凭什么自强不息？唯有居安思危，好学不止。

"冬天来了，春天还会远吗？"这是寒冬里对暖春的憧憬，也是黑暗里对光明的追求。一个人的成长，应保持向光而行的渴求，坚守勤学苦练的磨砺。

39 小 寒

"冰封万里雪皑皑，径堵千重港口塞。昨日剪桃修几树，忽如一夜李花开。"这是描写小寒节气的诗。小寒，预示着即将进入一年中最冷的时节。

"若要小儿安，三分饥与寒。"这句俗语出自明代医书《万密斋》，意思是，要确保小儿平安健康，就不能给孩子吃太饱、穿太暖。可见，人在成长中保持"小寒"有利于健康。

从精神成长来说，更需要保持"小寒"。相比于一百多年前半殖民地半封建社会的社会动荡，相比于中国共产党艰辛的百年奋斗史，今天生活在安定幸福环境中的我们就好比生活在温室里的花朵，我们更应知忧患，谋未来。

无论是身体还是精神，只有时常保持"小寒"，方能应对"大寒"。

40 大　寒

大寒，是一年中的最后一个节气，也是极寒的时节。大寒之后就是立春了，可谓否极泰来。

大红大紫，大富大贵，让人艳羡。一旦断崖式跌败，塌天式坠落，就容易让人大悲大恸，肝肠寸断。看来，还是小富小贵来得舒坦，所谓小富即安。

因此，人生不贪大，但求小；不愿暴风骤雨，但祈和风细雨、润物无声；不图突飞猛进，但求日拱一卒，盈科而后进。

41 除 夕

太多生活中的琐事和重担,像人间烟火中的尘埃一般,掩盖了人身上的光辉;太多工作上的焦虑和压力,像剪不断理还乱的绳索,束缚了人的手脚,让人不经意间匍匐于地、陷入困顿。

其实,最难的不是暂时的黯淡,而是内心无光;不是生活困顿,而是在困顿中失去斗志。灯泡里的钨丝之光,只能驱走眼前的黑暗;人内心中的黑暗,则要靠自己去驱散。

除夕,不仅代表一年的结束,更代表迎接新一年的到来。

对家庭而言,除夕是一家团聚、祈福憧憬的欢乐时光;对个体而言,除夕是洗尽污垢、修正过错、除旧布新的重建时刻。

除夕之夜,当自我更新,重新出发。

42 借　口

　　人总是可以找到借口。事情没办好，借口同事不配合，领导不支持；个人不成功，借口生不逢时，没有生在富贵之家；坚持的东西坚持不了，借口太忙太累，没有时间……

　　以上种种借口还可以编出很多花样，但不管怎样，都是在找托词，都是在推卸责任，都是在片面找客观原因，是向外求，而不是整体复盘，反思自己的主观努力够不够。

　　找借口实际上是在自欺欺人。找一个借口烂一条根啊！人有多少条根可以烂？根都烂掉了，不就离庸庸碌碌不远了吗？如此这般混日子与行尸走肉何异？

43 经 历

有人说,经历是财富。可为何有的人经历丰富,最终却如猴子下山掰玉米,终得两手空空呢?

看来,要让经历转化为人生的精神财富并非易事。想有所收获,至少应具备以下条件:一是真诚地正视自己的所有经历,即使是不光彩不成功的经历,应自我警醒,警惕再犯;二是跳出经历看经历,尽可能超脱,把经历当作认识人性的尺度;三是善于转化,将经历累积总结,去粗取精,提炼升华为前行的基石。

于是,人生中的每一次经历,无论是坏的还是好的,都丰富了我们的人生故事,塑造了我们的秉性品质,成为我们向上走的一级级阶梯。

44 整 理

我有一位戏剧家朋友,他平时排练戏剧很忙,但即使再忙,他每天都要坚持 2 个小时的房间整理。既要侍弄花草鱼木,又要照顾小猫小狗,还要打扫庭院、冲洗擦抹,让家里整洁干净、一尘不染,既释放了压力、调节了生活,又愉悦了身心,一张一弛,可谓一举多得。

整理房间,实质上就是整理自己,让自己有个好心情。一个人的生活是需要时常整理的,整理可以起到总结和梳理、简化和提炼的作用。通过整理,减少多余事物,调整前进方向,凝练经验智慧;通过整理,放下心理包袱,积蓄内心能量,轻装笃定前行。

45 舒 服

人啊，不要让自己太舒服。一旦舒服了，就不知道天高地厚，不知道自己姓甚名谁，自以为天下第一。要让自己苦一点、难一点，时时保持危机感，常常怀有忧患意识，要让自己关键时刻清醒，保持如战士般奋进的状态。

孟子曾云，天将降大任于斯人也，必先苦其心志，劳其筋骨，饿其体肤，空乏其身，行拂乱其所为。这是告诉我们，欲成大事者必经大磨炼大折腾，唯有经大磨难，方能得大从容。故安逸之地却暗藏祸端，犹如温水煮青蛙，让人浑然不觉险之将至，正所谓"生于忧患，死于安乐"。因此，我们要勇于走出舒适区，敢于突破新瓶颈，自觉接受艰苦磨炼，在阳光下奔跑，在风雨中成长！

主动经受风雨，让暴风雨来得更猛烈些吧！

46 习 惯

人的成长是不断形成好习惯、去掉坏习惯的过程。

坏习惯总是具有极大的诱惑力，要么让人特别着迷，要么带着糖衣炮弹突破人的底线，引诱人一步步掉入陷阱。换一句话说，人的成长是一个不断对抗坏习惯污染的过程。

养成好习惯难，这是因为养成的过程让自己觉得难受。想要养成一个好习惯，首先需要改变自己原来舒服的状态，进入难受的状态，并且这个难受的状态可能要持续好长一段时间。只有完全适应后，才能进入舒服的高级状态。而真正的好习惯养成后一定是进入了高级舒服状态。

坏习惯易染，好习惯难养。莫让坏习惯成自然，要让好习惯成为生命的自觉。

47 厨　房

厨房是体现人间烟火的地方。我爱人曾说过一句很有哲理的话:"厨房没热度,家里就没温度。"厨房是保持家庭温度、调和家庭关系、让孩子记得父母味道的场所,也是孩子心灵的港湾。

厨房之道亦是治国之道。老子曾说:"治大国若烹小鲜。"煎一条小鱼不能反复来回翻腾,要把握好火候,否则易碎易焦。治大国也一样,不折腾老百姓,老百姓才能安居乐业。

厨房之道还是生存之道。这里是勤俭节约的场所,一粥一饭当思来之不易;这里是磨炼生活能力的熔炉,买菜择菜洗菜切菜炒菜煮饭煲汤,每一样都需要动手用心……

厨房之道更是返璞归真之道。"食在广东",我国美食八大菜系中为何粤菜独树一帜?因为除了煲汤饮茶之外,粤菜中最突出的是以蒸、煮、煲等方式还原美食的本色和营养,减少煎炸烧烤等损害食品营养的做法,此为粤菜的一大亮点。

还原生活本色,该回归到厨房这个有热度有温度的地方。正如我们的老一辈所言,"无论男孩女孩,都要'入得厨房,出得厅堂'"。

48 敏 感

对环境变换的敏感是人的基本生存能力。一个人需保持对异常和快速变化事态的敏感，要敢于突破常规，不要囿于以前的成功模式，要善于丢下包袱，重新面对棘手的问题。在20世纪90年代初，美国有23个消防员在野地救火时被大火追赶、在上坡途中被烧死——他们都没有放下身上沉重的救火装备。后来有专家评估分析，如果当时他们扔下装备再跑，速度能提高15%～20%，则可以存活下来——固有的经验禁锢了消防员们的生存反应。

对人性的敏感是教育者的基本能力。教育之难，难在提高父母、老师对孩子内心感受变化的敏感度，我们要善于感知孩子内心深处泛起的涟漪，及时将其抚平。而现实是，孩子内心不仅已经泛起了涟漪，甚至已经波涛汹涌了，我们却熟视无睹，依旧执着于自己的世界中，这样无异于将孩子往悬崖处推，让其无路可逃。

对孩子内心感受变化的敏感度，源自教育者自身心定的程度。教育者越定越静，感知到的东西越细越微。倘若能在细微处、不经意间将孩子内心的那些"刺"拔除，孩子的心便可在瞬间归于平静。

49 家 校

教育学首先是关系学。教育关涉的不仅是知识和人的事，更是人和人之间的事。如果师生关系、亲子关系、家校关系都好了，那么孩子的成绩没有不好的。但家校关系近年来面临着越来越严峻的挑战。

曾经，家校之间的对话是这样的，每次孩子的母亲去学校，总是信任地对老师说："孩子今天在学校有没有调皮捣蛋？如果有，您可一定要严厉教育啊！"老师每次都笑着安慰道："您放心，都好呢！"

而今，情况发生了巨大的变化。还有多少家长会这样对老师说话呢？再者，今天的家长虽也带着无限的信任和期望，但也带着无止境的努力和焦虑，不停地追问："六年后，我的孩子将考出怎样的成绩？"

我们不奢求家校关系自然走向和谐，但需理性审慎地加以研究和引导。学校应以专业的视角分析和接纳学校教育和家庭教育的差异性与互补性，引导家长理解学校教学的理念，助力教育，激励家长成为孩子成长路上的同盟军。

50 排 序

也许我们有时会觉得憋屈,明明自己在子女教育上最紧张焦虑、花的心思最多,可为何孩子的成长还是不如人意,问题出在哪?我想一定是有些事情在排序上出了问题。

试问:我们真正关心的是孩子的教育,还是他们的升学?考虑更多的是孩子的成长,还是自己的面子?是不是希望孩子替你去实现你还没实现的愿望?……错误的观念往往会带来沉重的代价。

我们大多数人执着于工作,以为只要努力工作、赚钱养家,就完成了对家庭的责任。事实却是忽略了陪伴家人,工作越努力,和家人越疏远。我们把人生中最重要的事情,如把孩子的教育外包给了学校以及校外培训机构。总有一天我们会发现,自己忽视了配偶、忽视了孩子,甚至忽视了自己的身体健康。我们忘记理应对家人更好一些。

从单位层面来说,对自己人更好一些,从本质上讲,就是创造出组织内部的良性互动。有的单位宣扬狼性文化,对员工要求狠些再狠些,殊不知,这是对狼性文化的误读。狼是一种最重视团队的群居动物,在行进的狼群中,年老、体弱、幼小的狼会被安排在队伍中间,由强壮的狼前后护送。在一个充满不确定性的时代,单位里的团队更应该抱团发展。

从学校发展角度来说,应倡导"教师第一",只有校长和行政职能部门人员对教师们更好一些,全心全意为教师们服务,教师们才会安心从教,才会对学生更好一些,从而更好地浇灌好祖国未来的花朵。

51 唠叨

"唠叨"二字皆是口字旁，一从"劳"，一从"刀"，意思是不辞劳苦地说个不停，絮絮叨叨，像小刀一样刺在身上，令人心烦。

唠叨者不厌其烦、不知停歇。一般来说，只有亲人或密友才有条件唠叨，但听者如已生厌生烦，结果是唠叨的人事与愿违，实现不了教育的初衷。

听者的反应是一面很好的镜子，唠叨者应反省，能不能改变一下沟通交流方式，变繁言絮语为简言要语，甚至是温馨的提醒或暖心的嘱托，让听者心动，让教诲入心润心。

而听者也应反思，只有至亲之人才愿意唠叨，好听的话接着受着顺着，入耳入脑入心；不好听的话也应接着受着顺着，入耳醒脑醒心。他人指出的问题，若有则改之，无则加勉，则何烦之有？

一旦转变态度，则任何的唠叨都是温情的叮咛，如那夜空中的明月，温暖、透亮。

52 闭　嘴

沟通是个常讲常新的话题，学会闭嘴也许是沟通的入门课。

在人与人之间的沟通中，语言的效用只占 10%，而语气的效用可占 35%，神态和表情的效用占 55%。在现实生活中，许多人的沟通止步于语言这个层面。一旦依赖语言来沟通时，就会出现"企图说服"的执念，如同给自己加上了一套枷锁。因为迫切地想说服别人，实际上是放弃了与人交流的可能，本质上是拒绝交流。

一般试图说服别人的人，表达欲望非常强烈，却大多是连自己也说服不了的人。自己的情绪如失控了，或对某个念头太过于执着，在这样的情况下试图将能量转向外面，或试图控制别人，表面上是在进行积极沟通，实际上却给正常的沟通设置了障碍、构建了鸿沟。

要完成真正意义上的沟通，尤其是进行心与心的沟通，就须从"自以为是"转向"自以为非"，知道自己的局限，管住自己的嘴，学会闭嘴。

53 晾 晒

晾晒，就是把东西摊开来让日光去晒。在日常生活中，衣物需要时常拿到阳光下晾晒，保持干燥洁净。

而人的精神也需要经常晾晒。原本单纯而美好的心灵，却在纷繁复杂的尘世间被防不胜防的污浊污染了，被世俗功利蒙蔽了，被一个又一个的包袱压得喘不过气来。放不下的东西太多，人就会显得步履沉重，看不清前行的路，最终精神渐渐长霉，甚至发黑发臭。

我们需要经常打开心门，呼吸清新的空气，洗去心灵的污迹，让自私、焦虑、嫉妒之心在阳光下晾晒，去霉杀菌，让温暖一点点渗透，让能量一点点累积。

54 有 间

冬天里两只刺猬要取暖,应保持怎样的距离?既要达到互相取暖的目的,又不能抱得过紧,否则身上的刺会伤到对方——这个状态叫"亲密有间",而不是亲密无间。

好的关系,如刺猬相互取暖,保持有"间",一个恰到好处的距离,是让双方都觉得舒服,如同呼吸一样自然。

好的关系,是"有间"胜"无间",淡雅如菊,不黏不滞,如春风拂大地,似春雨润万物,不知不觉,无声无息。

55 不 服

古人说,"不服高人有罪"。人一味埋头读书,是远远不够的,因为只读书并不一定能使人更加优秀。

使人优秀的方法还有一个——和优秀的人在一起,跟着优秀的人走路,遇见高于我们的人,谦卑讨教,千方百计向他学习。

例如,以前广东的经济好,上海、江浙人都跑到广州、佛山来学习,有的管理人员和企业家甚至专门订阅南海、顺德的经济发展简报,每周研究佛山的企业在干什么。但现在他们的经济发展好了,就不再来佛山学习了,反而是佛山的企业家和管理人员跑过去学上海、江浙的经验。

当然,人还是要读书、思考和实践的,因为不读书、不思考、不实践,你就感受不到高人的频段与维度。而看不见高人就在眼前,实在是一种罪过。

56 赚 钱

赚，左边一个"贝"，代表最宝贵、最珍爱的东西，如财物、事业，还包括心爱的人等。右边一个"兼"，是"兼顾"的意思。

赚钱过日子是人基本的生存能力。有一位名人曾说过，赚钱是人世间最容易的事。为什么？他补充说，只要你做到了喜欢一件事，并把它做到极致，这就是你最大的福气，钱就会跟随你而来，你根本不用担心赚钱的事。

怎样学会赚钱？要先做好左边的"贝"，如这位名人所说，将自己喜欢的事做到极致；再做好右边的"兼"，事业和家庭都重要，都要兼及，要学会在兼顾中保持动态平衡，达到和谐和美。

当我们为了快乐生活而赚钱，一生的全部努力和最好的东西都集中起来用来赚钱了，这时，手段被当成了目的，幸福反而被遗忘了。

57 刹　车

开车中，人的右脚控制两个踏板，一个是油门，一个是刹车。踩油门是为了前进，踩刹车是为了停止。尤其是遇紧急情况时更需要踩刹车，关键时刻踩刹车是可以救命的。

值得注意的是，刹车是靠内的。可以这样理解：危急关头，人需要向内求，而不是向外求，越向外求（踩油门）只会越危险。

只有向内求，控制好自己的情绪和节奏，调节出最适宜的精神力量，才能收放自如，让人生之旅行驶在充满惊喜的时光道路上。

58 气 血

从中医角度来说，一个人心力不足，心神不定，往往是因为气血不足。那么，怎样让气血充足呢？《黄帝内经》中讲："恬淡虚无，真气从之，精神内守，病安从来。"一旦"精神内守"，则气血充足，心神安定。

那么，怎样守呢？孔子曾带领弟子们参观鲁桓公庙，跟弟子们评议"宥坐之器"，他讲了四点："聪明睿智，守之以愚；功被天下，守之以让；勇力振世，守之以怯；道德隆重，守之以谦。"孔子强调了四"守"：聪明要用愚来守，功劳要用让来守，勇敢要用怯来守，富有要用谦来守。

此外，孔子还提出"非礼勿视，非礼勿听，非礼勿言，非礼勿动"，即不符合礼的东西不要看、不要听、不要说、不要做，要谨守内心的良知，知善则行，知恶则止。例如，碎片化的短视频犹如糖衣炮弹，看多了容易让人神情恍惚；闲杂的、充满负能量的邪话，让人情思迷乱；而大话废话、论人是非的话，则似伤人的毒箭，易招来无端的祸患；还有盲动妄动、横行无忌，都是邪恶的源头。

孔子所说的"四勿"与"四守"，可谓是让人气血充足的法宝，当日日践行。

59 德 墙

"千里修书只为墙,让他三尺又何妨",所讲的是古人互相谦让而成历史佳话的故事。这里的墙看似有形,其实更是互相礼让而形成的无形却让人敬畏的"德墙"。人的德行厚度,往往就是在"让"中积淀起来的。

清代大学士张英,他守德如爱惜自己的生命一般。孟子曾曰:"知命者,不立乎岩墙之下。"这里的岩墙,既指有形的、可能会危及生命安全的危墙,也指无形的、道德沦丧的危墙。所谓"祸起萧墙",堡垒往往是从内部被攻破的,因此要慎之又慎。

当一个人将自己的点滴德行修成古石,修成长松,则会"古石生灵草,长松栖异兽"。修好了德行,才能汇聚好人好物,否则修成的"粪土之墙"只会长出荆棘和麻烦。所有的艰难困厄,说到底都是自找的,如交友亦是如此,自己本身如是直友谅友、多闻益友,何愁"谈笑无鸿儒"?

愿每面"德墙"都能变成一扇门,通过这扇门,人们能进入美的空间、美的世界。

第二篇 向外拦截

暗箭 流言 淤泥 熏染 诱惑 堕落 贪婪 侥幸 虚荣 怨气
私心 脂肪 重担 减负 忙碌 烦心 麻烦 懒病 暗黑 痛苦
恐惧 悲观 傲慢 裂缝 缝隙 伤疤 创伤 偏执 局限 失败
放大 网红 追星 黎明 文化 简化 小我 自大 低浅 自污
自救 托举 南墙 知止 妄动 清净 损友 管理 抑制 拂拭
实用 从众 臃肿

第二篇篇首页图作
图名：《香畹吟樽图》
绘者：齐白石

第二篇　向外拦截

1 暗　箭

"疾"，"病"字头下一个"矢"，指外面射来的冷箭或暗箭。"明枪易躲，暗箭难防"，不知道是什么时候，也不知道是从哪个方向射过来的暗箭，最是防不胜防的。

稻盛和夫小时候，他的叔叔得了肺病，他的爸爸和哥哥常去照顾，不过都没染上肺病。而他生怕不小心被感染，经过叔叔住的房间时，常捏着鼻子快速跑开，最终却反而感染了肺病。后来稻盛和夫回忆此事时说，一定是他心里有一块吸引病毒的磁铁。看来，"暗箭"也许是被他自己"吸引"过来的。

怎样防暗箭？涵养正气，扶正祛邪，用自身正向的力量去战胜病魔，去拦截暗箭。在生活上，尽可能做到平等待人、大度待人，对谁都恭恭敬敬、客客气气，则不太可能"吸引"暗箭。如果高调嘚瑟、夸夸其谈、不可一世，就总会有人看着不顺眼、听着不顺心，说不定哪天就会被人使个绊子，暗地里中一箭。

2 流　言

流言止于智者。但在自媒体时代，流言猛于虎，智者有时也会被流言吞没。

现在有的人，似乎总喜欢追奇逐异。有些自媒体为了吸引眼球，无所不用其极。别人的伤口越是苦痛，越喜欢往上面再撒把盐，而有些围观的群众更是群围起哄，落井下石。一不小心，流言就容易把好的说成坏的，把坏的演绎成更坏更糟糕的，以讹传讹，积毁销骨。

智者怎样才能不被流言击倒？唯有心怀敬畏，修一身正气，循义理而行。

3 淤 泥

有些人的坏情绪像淤泥，黏稠，有污染性；也如身体内的湿气，积滞着，纠缠着，不容易祛除。其本质是人心不净，既让自己不痛快，也常常给别人带来了莫名其妙的困扰。

淤泥般的坏情绪容易污染内心，让人迷失本性。而智者，往往善于在污浊泥沙旁立身，且出淤泥而不染，心依然清净如初。

墨子说："君子不镜于水而镜于人。"以水为镜，可知外在的美丑；而以人为镜，则可知内心的善恶。人不仅要以水为镜，更应以他人为镜来反观自己、发现自己、涤荡自己。

当别人向我们抱怨愤懑，甚至泼来污水时，我们一定要思考，是不是因为我们在面对他时，并没有真正拿出自己的善意与仁厚，或是彼此之间存在哪些误解和干扰，才引发他展现出了邪恶魔性的一面。

陷在"淤泥"中并不可怕，关键在于我们要及时反省，随时清除"淤泥"。

4 熏 染

"熏"的本义指，火焰向上冒出的烟气或气味接触物品，使物体变了颜色或染上气味，引申为个体因长期接触的人或事物，而对品行习惯产生影响。

所谓"近朱者赤，近墨者黑""蓬生麻中，不扶自直"，如果人长期受"黑"的东西熏染，则如掉进了墨色的大染缸，很难有不黑的，反之亦然。

利欲熏心，心被名利欲望蒙蔽了、包裹了、熏黑了，贪财图利的欲望就会迷住心窍。此外，很多诱惑如糖衣炮弹，也会不知不觉渗透到人的肌肤里、血液里、骨骼里，无处不在。

林清玄曾说，"改变表相最好的方法不是在表相下功夫，一定要从内在改革"。这种内在的改革，我想就是远离熏染，用书香来熏化，用美和艺术来熏陶。

5 诱 惑

欲望是把双刃剑，既能促人奋进，又易伤着别人或自己。尤其是当它和攀比、贪婪、功利、自私纠缠在一起时，人就难以禁得住诱惑，想拉也不易拉回。

《醒世恒言》中有则"薛录事鱼服证仙"的故事。说的是唐朝时，薛录事在高烧中，梦见自己变成一条金色的鲤鱼，鲤鱼几天不曾进食，肚中空空。正遇渔夫垂钓，鲤鱼明知饵内有钩，但禁不住诱人饵香，张嘴就吞，结果被钓。作者冯梦龙点评，"眼里识得破，肚里忍不住"。

现实生活中，有的人明知吸烟有害，但经不住云雾缭绕的诱惑，乐此不疲；有的人明知油炸食物和冷饮不宜多吃，但经不住油香脆酥和冰爽的刺激；有的人明知不该拿的东西不能往家里拿，不该要的东西不可伸手要，却经不住利诱，导致难以自拔、作茧自缚……

壁立千仞，无欲则刚。节制欲望是很痛苦的，做到无欲很难，但少欲专欲、清心寡欲、身心同欲却是可做到的。当一个人志存高远，一门心思扎在敬德修业上，就会渐渐将物欲挤出体外，即使遇到再大的诱惑也可拒之于心门之外。

6 堕 落

任何成功都是由无数小成功积累而成的，任何堕落也都是由无数坏习惯不断积累而形成的。

也许一开始，心安理得地接受小恩小惠，身边的损友接二连三地出馊主意，混在一起互相吹捧，结果自我膨胀了却不自知。接下来，某个损友不得志或另有所图，设个温柔舒适的陷阱，让你不经意间掉进去，你身陷泥潭而不自知。这时你已到了悬崖边上，即使警报一次次响起，也难以唤醒麻木不仁的你，而毁灭只在须臾之间。

事实上，对于堕落的人，任何旁人至多只是个"帮凶"。归根结底，任何的堕落都是个人自取其辱、自取灭亡。

7 贪 婪

"擒山中贼易,擒心中贼难。"贪婪,会渐渐将人带向深渊。

贪婪就像尘埃一样,容易遮蔽人的初心,使其扭曲、黯淡,最终陷入长期的痛苦与迷茫之中。贪财、贪利、贪功名、贪舒服、贪色、好面子等都是贪婪的表现。其中,"好面子"虽然看起来有点虚空,实则祸害大焉,它的具体表现之一便是"过分爱惜自己的面子"。

白鹇贪恋自己的羽毛,下大雨时怕弄脏了尾巴,于是趴在树上一动不动,终致冻饿而死;"长江三鲜"之首鲥鱼贪恋自己的鳞片,只要入网,就不再挣扎蹦跳,宁可付出惨痛的生命代价;蝜蝂贪恋自己所背负的东西,爬一路,捡一路,背负一路,最终被自己舍不得放下的东西压垮。

有的人也是如此,过分爱惜自己的"羽毛",却往往被自己的贪婪所害;贪之越深,则失之越痛。在"贪"字面前,有的人不择手段,巧取豪夺,最后换来的不是富贵和幸福,而是灾祸与牢笼。

子曰:"欲仁而得仁,又焉贪?"追求仁而得仁,你贪什么呢?唯有适时舍得,敢于放下,方能恋而不贪,怡情养性。

8 侥 幸

侥幸，指由于偶然的原因而获利或避过了不幸，也指企求非分而意外获得了成功。人们总会抱有侥幸心理，投机取巧，妄图弯道超车，侥幸获得成功，不恰当地将偶然当作必然，一次次期盼天上掉馅饼，希冀一次次上演"守株待兔"的翻版故事。

子曰："人之生也直，罔之生也幸而免。"意思是，人能够生存于世，并得以善终，那是因为真诚；而那些欺罔之人，也能生存且得以善终，一定纯属侥幸罢了。

一个真诚的人，一言一行皆有忠信，则一定会有人来托举他，上天也会来助他。假如常怀侥幸之心，欺天欺地欺祖宗欺自己，则必然"自作孽，不可活"，即使没有天灾，也可能会招来人祸。

"直"是治疗"侥幸"的良方。真诚正直直抵人心，唯有真诚方能长久。老老实实做人、踏踏实实做事，才是立身之本。

9 虚 荣

虚荣，指虚幻的繁荣，浮于表面的荣光。表现为追求外表的浮华、生活的豪奢，常常跟死要面子活受罪、盲目攀比、哗众取宠等词关联在一起。

爱慕虚荣的人往往不自量力，好大喜功，粉饰门面，一味追逐荣耀荣光，有时甚至不择手段，导致精神空虚、难以自拔。

虚荣心是一种扭曲的自尊心，究其本质，是人的私欲的自我膨胀。孟子曰："人之患，在于好为人师。"一个"好"字，便可看出古人的乐于自炫。小说《项链》中的玛蒂尔德夫人爱面子，参加舞会时借了一条假的钻石项链，却不小心弄丢了，结果以 10 年劳苦生活为代价来偿还项链，令人扼腕叹息。

虚假的荣誉犹似一个转瞬即逝的肥皂水泡泡，这样的虚荣，不要也罢。

10 怨 气

怨,心生不满,乃至愤懑成恨。怨言,是发泄情绪、推卸责任、缓解焦虑的"万金油",疗效即时可见,但副作用很大。被怨气充斥的人生,是无可救药的人生。

人的怨气,来自对别人的满心期待未果,源于人内心德性的不圆满。一个人德行有损,内心沉淀的东西不多,文化底蕴不深,一遇到麻烦和困难就怨气冲天,怒发冲冠。一个人怨恨生发的时候,正是德行缺位之时。

如何止怨?首先,降低对别人的期待,一旦期待降低,则别人表现出的一点点好,你也能心生感激,真心欢喜。其次,主动吸纳天地人间之正气,让仁义礼智的正气源源不断地输入内心,一点一滴地积累,正能量渐渐充盈内心,则怨气毫无立足之地。

11 私 心

人为什么会觉得很累?一定是太专注于私心,让私心主导了自己的情绪。

私心,即为自己考虑的念头,是利己之心。只要是人,都会有私心,但只要保持在合理的范围内,只要不违反法律和道德规范且不伤害别人,这份私心就是正常的。

然而,有些人私心太重,贪得无厌,嘴里一套一套的,说得冠冕堂皇,肚子里却全是私心私欲,甚至不择手段地以权谋私,徇私枉法,最终只会一步步坠入深渊。

一旦能先人后己、先公后私,甚至是先天下之忧而忧,专注于怎样更好地服务他人、服务社会的时候,就可以心无挂碍,无所畏惧,一身轻松。

12 脂 肪

对于偏肥胖的人，过去常常可见"脑满肠肥""将军肚""脑袋大、脖子粗，不是大佬就是伙夫"等类的调侃。不管怎样，这些人的肥胖一般是过量饮食或饮食无节而引起的。体重超标时，身体里堆积的脂肪唯有通过饮食有度、坚持运动、调整作息等健康的生活方式来清减。

同样，一个人精神上堆积的脂肪也需要定期清理。每天无意义地刷手机，会导致人精神涣散、心智萎靡。碎片化的知识接收多了，而又无法转化到自己的知识体系中，就会成为大脑里有害的"脂肪"。我们懂得许多道理，却没能比照着一条条地践行，则它们也会变成精神世界的负担，变成大脑里的脂肪，淤积起来，让人变得平庸而乏力。

有学生问王阳明：读书总是记不住怎么办？王阳明答，你若记得，未必晓得，你若晓得，不必记得。言下之意，读书学习是为了改变自己，提升内心的高度；你晓得了，记不记得已不重要了。脱离了这个意义，学习就会成为负担，知识就会成为大脑里消化不了的"脂肪"。

坚持学习和反思，定期清除大脑里的脂肪，不断建构自己专注领域里的知识体系，形成积极向上的良好的内心秩序。此为追求更高精神世界的要旨。

13 重 担

有这样一个有趣的故事：两名和尚在河边看见一位年轻女子在哭泣。于是，其中一位和尚走上前问："这位大姐在哭什么？"女子答道："你有没有看见对岸的那栋房子？我今天一大早从那儿涉水过来，没想到河水涨了，附近又没船，我回不去了。"和尚回答："小问题。"于是俯身就把女子扛在肩上涉水走到对岸，而后两名和尚继续上路。几个小时后，另一位和尚实在忍不住了，发问道："师兄，你发过誓绝不碰女人的，刚才你的行为已犯了重戒。"这位和尚答道："在两个小时前，我已把她放下了，你至今却还扛着。"

以上的故事可能就是我们都在经历着的事。我们随时都扛着自己人生中的重担，怎样也放不下，放不下包袱，就难以重新出发。只有每天都清空一切已发生的创伤、荣誉及所有经验，才能从已知中解脱。每天都清空一番，彻底让心智空灵，人才能真正得以休息。清空，是一种净化，带给人以赤子之心。

只有将昨日之种种清零，才能放下昨日之重担，才能从所有权威中解脱出来，才能时时保持新奇、天真无邪和充满热情的活力。

14 减 负

教育减负的口号已提了多年,而今再提"双减"。这是国家层面对当前教育内卷、群体焦虑等问题的回应,其实质是回归教育的本质,要求教育归位到立德树人的根本上来。

减负的实质是减去多余动作,减负的基本原则是尊重生命发展的规律,凡是违背人的生命发展规律的动作,都是多余的,都可"减去"。在减去多余动作的同时,需提高保留动作的效率,即既要减负,又要提质,二者不可失之偏颇。

减负的最终目的是激发生命的活力。凡是限制、控制和禁锢生命活力的教育模式和方法,都是需要减去的。这样方能放下包袱、重新出发,还生命以自由与活力,激扬起积极向上的生命旋律。

15 忙 碌

这是一个忙碌的时代,即使不眠不休,也忙不完所有的事情,忙忙碌碌何时了!

忙即心亡,心都死了,忙还有价值吗?因此,首先需探讨究竟为何而忙?忙有何意义?管理学中有个时间管理四象限方法论,其将事物分为紧急且重要的、不紧急但重要的、紧急但不重要的、不紧急也不重要的四种类型。很多时候,我们往往忽视了对不紧急但最重要的事情的处理。譬如,我们要有自己的人生定位,要有个人的职业发展规划,定位和规划虽然不紧急,但也不能如脚踩西瓜皮,滑到哪里是哪里。

在忙碌的工作中,我们常常力不从心,为何?这个"力"也许是"书到用时方恨少"的智慧之力,对此,不得不多读书;这个"力"也许是"世事洞明皆学问,人情练达即文章"的洞察之力,对此,不得不经营好人际关系,要对身边的人好一点。

"物有本末,事有终始,知所先后,则近道矣。"我们常常本末倒置,先后颠倒,拎不清轻重缓急,往往忙的是事情的末,做不到慎始慎终,所以往往忙忙碌碌到头空,荒了时间,废了身体,折损了精神。

让脚步慢下来,等等自己的灵魂。这是时代的呼唤,也是自我更新的需要。忙时当有闲心情,闲时应作忙时备。适时闲适一下,不妨靠在门槛边看月亮,思考人生:我是谁?从哪里来?要到哪里去?

16 烦　心

日常生活中，总有些不如意的事、不顺心的人如阴霾般缠绕，让人不得停息，令人烦心。这种时断时续的闹心，分散了精力，耗尽了心神，令人疲惫不堪。

烦心源于何处？源于心头之躁火和内心的不安。比如父母担心孩子，幼时担心吃不好，营养不良；刚入学了又担心被人欺负，不适应校园生活；上学了担心不是学霸，考不上好大学；考上大学又担心专业不对口；而后又担心找工作找对象，担心成家立业……凡此种种，一味烦心，只会加剧内心的不安，或产生消极逃避的心理。

陈道明曾有一段时间很烦心，为演好《围城》，他先后三次拜访钱钟书。在钱老家里，他见到的场景可谓"三无"——无电视机、无录像机、无电话，钱老家里唯一会响的东西就是噗噗响的药锅子。但是，陈道明三次拜访，闻到了书香，觉到了安静，看到了从容，他感叹道，"在文化面前，其他的啥也不是"。

烦心的根源是对自身本领有限而产生的恐慌和对未知挑战感到储备不足。我们能做的，唯有从现在开始，改变自身状态，从能做的入手，深耕细耘，一以贯之，让自己变得强大起来。那么，即使再有新的烦心之事，也能主动应对，化烦心为静心。

17 麻　烦

　　谁都怕麻烦，可有时越怕麻烦，麻烦却偏偏越会找上门来，甚至很多时候麻烦都是自找的。

　　自找的麻烦无非三种：一是情绪失控。在情绪冲动时作出决定，在得意忘形时作出承诺，这样往往都会带来无法挽回的损失，给人留下轻诺寡信的印象。二是感情纠葛，剪不断理还乱。假如自己感情专一，能活好，能理顺，就不会为情所困，也才有资格去爱别人。三是利益冲突。钻进了钱眼里，斤斤计较、一毛不拔、唯利是图的人会牺牲友情和人际关系，最终的结局可能是孤立无援。

　　因深陷世俗太久，我们的内心总在低处徘徊而无法自拔，天天与麻烦纠缠不休。唯有提升内心的高度，奋力向更广阔的人生境界靠近，方可逐渐远离麻烦，化解麻烦。

18 懒 病

懒惰很可怕，懒惰之人举止散漫、心思迷乱、心无定向。懒惰之人如可悲的寒号鸟一样，光会说"寒风冻死我，明天就垒窝"，但实际上不去行动；懒惰之人如混日子的小和尚一般，做一天和尚撞一天钟。

要克服懒病，只有一个"勤"字。一勤天下无难事。具体来说，要做到以下"四勤"：

一要身勤。坚持锻炼身体，注意劳逸结合，每天保持充满活力的精神状态投入到学习和生活中。

二要口勤。不懂就要问，打破砂锅问到底，多交流争辩，多请教老师。学的知识不但要记在心里、写在纸上，而且要形成自己的观点，用口说出来。

三要手勤。所谓好记性不如烂笔头，做好日小结、周反思、月总结。

四要心勤。要善于静心、勤于动脑。既要有冥思苦想，也要有奇思妙想，同时还要有前思后想的劲头。

勤的实质是心立起来了。如果一个人的心是立着的，心眼是打开的，那么他站在那里，自然阳光自信，精神美好。

19 暗 黑

人人都向往光明,但暗黑却有极强的磁力,吸着人一步步走向深渊。"以其昏昏,何以使人昭昭?"一颗暗黑的心永远托举不了灿烂的笑脸。如果不思己过、不修己身,便来要求别人、教导别人,则很容易把人带到狭隘黑暗处,害己又害人。

内心暗黑的人,总是打着灯笼去找阴暗面;而光明磊落的人,则是用心去发现光明和希望。

真正的教育者,既能引导人从绝境中看到光明,又能从光明中观照黑暗、痛苦、艰难甚至绝望,并能化危为机,将一切困厄转化为精神的养分和前行的动力。

20 痛　苦

离苦得乐，这是人性本然。殊不知，痛苦多难之际，恰是智慧通达之时。

谁都渴望拥有智慧，却又忙着拒绝痛苦。然而，只有在痛苦中，才能看见真实的自我；只有觉得痛苦不苦时，智慧才会悄然而生。涵养住了痛苦，结出的果实便是智慧。

痛苦是成就自我的课堂。没有人喜欢痛苦，但成大事者必"苦其心志，劳其筋骨"，大痛苦大磨难，甚至死里逃生，是一个人内心迈向更高境界的必经之路。人的痛苦，本质上是心境的扭曲，是被自己所建立的负面心境困住了，根本上还是心太低了。如果心在山谷里，则成天与虫蛇、猛兽为敌，纠缠不清，痛苦不堪；一旦心在高处，成为高山之巅的一棵树，则太阳出来时阳光也会首先去眷顾它。当内心定在高处时，心里就有了空间，扭曲的东西自然就会被理顺。

有一种痛苦乃是持志之痛，如王阳明所说，"持志如心痛"。如果持志之痛一直在心头，则身体的痛苦将会被内心的坚守所化解，何苦之有？

"世界以痛吻我，我当报之以歌"，这是泰戈尔对痛苦的回应。当我们身处痛苦和无奈之中，是否也能微笑着面对这个世界？是否还能发光发热，来温暖和照亮他人？

21 恐 惧

惧即"怕","怕"由"心、白"构成。内心空白、空虚之人,才会害怕、恐惧。我们之所以内心恐惧,往往是对现实的无奈及对未来的焦虑,其实质是对驾驭自己感到无力,对自我缺乏把握感。而驾驭自己,关键是从手头事务入手,一件一件做到极致,日日累积,夯实内在的基础。

然而在当下,焦虑似乎弥漫在社会的每个角落,化解不掉,像流感一样互相传染。教育的焦虑更是无处不在,从家庭到学校,再到社会,人们远离了教育的本质,走上迷茫、功利的漫漫不归路。应如何战胜恐惧,化解焦虑?

一是安住当下。从过去中抽离出来,从对未来的担忧中跳脱出来,活在自己的光里。无数个当下劳作的喜悦、言行的温缓、心量的增容、助人的自觉,累积成了一生的全部意义。

二是守住底端。把最坏的结果想清楚,并勇敢地接受它,然后再往上努力,一定会比最坏的结果要好很多。人生最坏的结果莫过于死亡,死亡都不畏惧了,还有什么可怕的呢?

三是涵养正念。抛去杂念私心,多想能为大家做点什么,能对社会贡献什么。"去成就别人"是正念,是人体精神免疫力的根源。

四是心怀戒惧。唯有平时保持审慎、处事如履薄冰的人,才能在关键时刻不忧不惧,勇猛精进。

2.2 悲　观

悲观无所谓好坏，不走极端就行。悲观相对于乐观而存在，是一种人生态度。

人生不如意十之八九，这是人生常态。我喜欢硕果累累、黄叶满地、诗意盎然的秋天，然而，中国文学史上却有许多悲秋之作。宋玉在《九辩》中叹道，"悲哉，秋之为气也！萧瑟兮草木摇落而变衰"；刘彻哀叹，"秋风起兮白云飞，草木黄落兮雁南归"；而杜甫则尽抒萧瑟之意，"无边落木萧萧下，不尽长江滚滚来"；马致远更是成就悲秋之绝唱，"枯藤老树昏鸦，小桥流水人家。古道西风瘦马，夕阳西下，断肠人在天涯"。

"夕阳无限好，只是近黄昏"，这是李商隐的悲秋；而"莫道桑榆晚，为霞尚满天"却是刘禹锡对秋的赞美。看来，是悲观还是乐观，全凭一己之念，全靠修身转念。

当我们身处悲观低落之时，既要能"观悲""见悲"，从内心悟到悲；又要能"化悲"，将痛苦、悲伤、哀怨等化解，转化为精神成长的养分和力量。将事情想得最坏，然后往最好的方向努力。只要努力的过程是积极向上、主动乐观的，那么即使是糟糕的结果，我们也能接受。

23 傲 慢

一般来说,当我们亲近德行厚重的高人,或走进庄严肃穆的寺庙时,自然会放下傲慢,内心变得清净,于是我们会主动降低音量,走路轻缓慢行。这都是因内心接收到了外在环境的提醒,而主动作出了对自我的要求。

"傲慢"是人成长的大忌。即使有再大再耀眼的业绩,也承受不了"傲慢"的抵消作用。恃才自傲、心高气傲的人难以得到众人的扶持;唯有心存敬畏的人才有可能得到众人的托举。每个人在成长过程中,都应消除傲慢,点击"清零、刷新"之按键,重新思考存在的意义,激扬生命的活力。

傲慢犹如癌症,平时很难觉察,一发现时已是晚期。因此,需时时体检,多照镜子,把"傲气"逼出自己的身心。

24 裂　缝

苍蝇不叮无缝的蛋。很多时候,一个蛋,只有被苍蝇叮上时,才知道自己有了裂缝,但是却不知道是何时裂的缝。

心理学家荣格说过,"你没有觉察到的事情,会改变你的命运"。日常生活中,决定命运的往往不是你所知道的事情,而是那些你没有觉察到的事情。

蛋何时有了裂缝呢?人们往往忽视甚至漠视自己的小放纵、小炫耀,在无人监督的时空里肆意妄为,放浪形骸,心灵在无数次自以为无人觉察的时空里悄然开裂。

亡羊补牢,未为晚矣。务必重视对心灵裂缝的自我修复,力求勤拂拭、谨修补,修一颗温润、刚强、明净的心。

25 缝 隙

每个事物都有缝隙,这个缝隙就是阳光照进来的地方。

自然风光中偶有一线天的景观,那是大自然的杰作,是鬼斧神工所留下的缝隙。要过一线天,需小心翼翼,手脚并用,屏声凝息,有时累得筋疲力尽,方能徐徐而过,否则稍一疏忽,轻则皮肉擦伤,重则有坠入深渊的危险。

人也如此,在自责与反省之间,在私心与公心之间,在自满与自谦之间,在杂乱与清晰之间……往往客观存在着一条不怎么分明不怎么起眼的缝隙。当教育者不经意间把光投射进去时,人就瞬间觉醒了。

这种光让人看到了希望,这是超越知识的思想光芒,是精神的力量。这种光打通古今远近,打通内心与外部世界,一下子跨越了时空之窗,让人醍醐灌顶,醒悟通透。

26 伤 疤

"好了伤疤忘了疼",意思是第一次受伤的伤疤好了,第二次再经历同样的事时又重蹈覆辙,忘记了之前受伤的疼。

这个"伤疤"指曾受过的伤痛,可以是身体外在的,也可能是内在的、隐性的、长期的毛病或心灵创伤。外在的伤疤并不可怕,可怕的是内在的伤疤。例如,大家都知道抽烟不利于身体健康,害处多多,甚至还须深受咳嗽多痰的痛苦,但经不住外在的引诱,又自觉或不自觉地抽上了。

有了"伤疤"不要紧,关键是既要善于从"伤疤"中吸取教训,更要勇于在下次面临同样的考验时,毅然决然不再重蹈覆辙。

27 创 伤

人在成长过程中，磕碰折腾是难免的。身体上的磕碰容易修复，但心灵上的磕碰或创伤却不容易修复。要修复心灵的创伤既需时间的抚平，长久以淡忘，也需要策略方法的指导。

很多时候，我们一生都在追求童年时的梦想，达成童年时念想的目标，修复童年时留下的遗憾，弥补童年时缺失的人生底色。或者说，童年时留下的心灵创伤将影响人的一辈子。因此，这要求教育者要格外呵护每一颗幼小的心灵，尊重每一个生命的健康成长，留意生命拔节的声音，唤醒每一个灵魂的自我成长。

竹子每一次向上生长，都要生一个竹结后再往上长，一个节一个节地向上走。人的成长当如竹子一般，善于在每次创伤处结一个结，反思，重建，再出发，在创伤中成长，在创伤处开出智慧之花。

28 偏 执

童敏，一个 20 世纪 70 年代末出生的女孩，通过自身的奋斗，一步步成为城里一所学校的校长。然而为了满足自己在网络游戏中"争第一"的欲望，童敏凭借其校长身份，以高额回报为诱饵，涉嫌诈骗学生家长、亲朋好友 5000 余万元用于充值网游。一个让人尊敬的女校长，却又是沉迷于网游的"氪金"玩家，两者的反差超出常人的想象。

是什么让一位优秀的校长沉迷网游，巧于诈骗，走向堕落，乃至自我毁灭？是偏执，是近乎疯狂的偏执。什么都要"争第一"的执念贯穿在童敏一生。她成功了，成为泸州教育界的名人，出版了好几本教育专著，成为令人尊敬的校长。

但同样因为事事都要争第一，即使在虚拟网络世界，她仍然要找回"第一"的感觉。于是，靠坑蒙拐骗得来的钱在她手上被挥霍殆尽，她在游戏上一天就可以花费六七十万元，以此来填充她内心的空虚和迷茫。

偏执，即极端固执，就是人们通常说的"九头牛也拉不回来"。"偏执"成就了她，同样，"偏执"也毁灭了她。化解"偏执"这个痛点的良方，就是孔子所讲的"四毋"：毋意、毋必、毋固、毋我。简单点来说，就是要"心里始终装着别人"。

29 局　限

　　世上最难的事之一，就是单纯地去看一件事，是那种毫无恐惧、直截了当地分析一件事情的单纯。因为多数人的心智太过复杂，早已被各种事物所局限，失去了单纯的特质。

　　从出生到死亡，我们的心智一直在接受某种文化的塑型，逐渐形成一个"狭隘"的自我。同时，由于受到传统、宗教、语言、教育、文化艺术、风俗习惯等各种事物的影响，我们对每一种困境的反应也会存在局限。

　　只有当生活中的快乐中断了，或是想要逃避痛苦时，我们才会感觉到自己所存在的局限。我们常被外在的生活环境所干扰，也常处在内心的烦躁与纠结中，感受到了这些，我们才明白自己的局限已多么严重。如果再敏感一点，你将不只觉察到受限的情况，甚至还能体会到由它所带来的危机——前方似有一条蛇，或像是走到了悬崖边缘，或如将被火烧……这是如临深渊的切身危机。

　　只有全神贯注于感受自己的局限，才能从过去中完全跳脱出来，接着那些局限才会自然地从你身上消失。此外，我们还需拥有相当程度的谦卑，如此才能重新认识自己。以自由的心去生活，才能突破局限，则一切都是新的。

30 失 败

失败乃成功之母，但很多时候我们却"输不起"，不敢面对失败。

世上没有常胜将军，却有持盈保泰之道——未虑胜先虑败。只有先考虑失败，以失败为前提来思考问题，才能在取得胜利后守住平常心，并且将赢的过程内化于心，变成盈满人生中的一缕芬芳。

所有的竞争最终比拼的都是一个人的内心——你战胜了对手，是因为你不可撼动的信念使对手出错。最好的竞争是不争，因为一争，思绪就会被竞争者牵着走，自然也就不能诚意正心地做自己该做的事。把自己变得足够强大了，也就不需要争了，即不战而屈人之兵。

要把自己的事情做到最好，需战胜自己，需严格的自律。因为打败你的，只有你自己。

31 放 大

《聊斋志异》中记叙了酒鬼缪永定的故事。他常酗酒喝醉，耍酒疯骂人，被黑帽人拉到了地狱里。在地狱里，缪永定受舅舅的照顾，酒性收敛了些，但见了邻村翁姓书生，又开怀畅饮，喝得大醉。后经舅舅帮忙，几番周转，他侥幸回到了人间。但很快他又开始放纵性子，酗酒耍酒疯的老毛病再度萌发，最后落得了个再次醉死的结局。

酒，容易让人放大自己，一不小心说出来就是大话，连自己都不信。缪永定的悲剧在于不仅放大了自己，更是放纵放肆，酒后迷乱了心性，伤人害己。

实际上，喝酒之人喝至微醺就好了，虽偶有出格，但也有趣可控，切不可大醉甚至烂醉如泥。

值得警醒的是，偶尔放大了自己之后，应及时归位，要知道自己是谁，知道自己并非想象中那么重要。

32 网　红

在流量为王的信息时代，每一颗沙砾都在奋力呐喊："看，这就是我。"网红在众人的羡慕与嘲笑中诞生又消失，"一波未平一波又起"。网红们争着标新立异，用一种又一种"人设"来吸引他人的注意。流量明星如同烟火，闪耀且易逝是不变的特点。

大浪淘沙。时光如一把筛子，把不合时宜、哗众取宠、违背人伦的人一一筛掉，把人性的弱点、丑陋、污迹全部筛走，留在筛子里的是闪亮如珠玉的特质——宽容、宽厚、仁慈，是勇于自我革命、不断更新的品性。留在筛子里的，一定不是所谓的网红偶像，而是平凡英雄。

网红逃不掉被粉丝捧杀的宿命：要么被无限包容，网红的一切都是完美的；要么被零容忍，一旦网红有一丝裂痕，就会被撕裂得体无完肤，形象轰然崩塌。

相比之下，还是平凡英雄来得实在。这样的英雄就在我们身边，就是我们自己。平凡英雄从来不是完美的，也从不缺失败、痛苦与挣扎。但是，他们面对挫败时坚守信念，面对深渊时敢于跨越，面对黑暗时逐光而行。

时代呼唤平凡英雄。

33 追　星

　　追星是一个时代的主题之一。以前追影星、歌星、球星，哪里最耀眼、哪里最闪亮、哪里最热闹，就一股脑儿往那扎往那挤，甚至为求得所追明星演唱会的门票，不惜动用自己结婚的资金，不惜偷拿父母治病的钱，不惜让家人卖肾去换票。悲叹痛惜之余，着实匪夷所思。

　　当今时代，如袁隆平、张富清、黄旭华、张桂梅等共和国勋章获得者，又如黄文秀等甘于奉献的人，他们是人民的战士，是共和国的英雄，他们初心如磐、信仰坚定，平凡而又伟大，他们才是当代青年应该追的"星"。

　　当然，从某种程度上说，追星就是追别人的光，而自己总不免陷入影的位置，无论怎么追，都逃不掉影子的宿命。

　　不如让自己成为那颗星，成为那道光，从内到外地修炼成那道光，划破黎明前的黑暗，点亮暗夜中的天空，照耀自己前行的路。

34 黎 明

"黎"的本意，指收割土黑色的黍米，古与"黧"同，表示"黑"；而"明"是"亮"的意思；黎明，指天快要亮或刚亮的时候。

"黎"与"明"组合在一起使用，代表的是一段漫长的时间，是一个由暗黑转为明亮的渐变过程。

在"黎"和"明"之间，只要你有足够的耐心，就会看到：太阳缓缓升起，东方的天空一点儿一点儿泛起鱼肚色，慢慢染上了微微的红晕，飘着红紫红紫的彩云，天地万物都在阳光的沐浴下一点点变美，透出了不同的韵味。

黎明前的黑暗是最难熬的，因为你不知道所等待的是希望曙光，还是乌云蔽日。有的人可能沉溺于"黎"，消亡于"黎"，等不到"明"的那一刻。然而，学会满怀希望，拥抱这一不确定性，不正是人生所独具的意义与挑战吗？

只有咬牙挺过漫长的"黎"，才能迎来阳光灿烂的"明"亮的日子。

35 文 化

何谓文化？即是以文化人，但要先以文来化自己，才有资格去化别人。

"化"者，左人右匕也，就是要对自己的私欲、功利、局限、狭隘、躺平、懒惰等阻碍自己德行精进的东西动刀子、下狠手，以求日进一德、日拱一卒，厚积德行，厚德载物，最终有所成。

36 简 化

曾有人慨叹,我们日日在其中翻滚的"大都市",其实并不适合人们居住,因为它极易损耗人的精力。也许灿烂的阳光、新鲜的空气、清香的泥土、清洌的山泉、天然的食物才是我们的生命所需。因而身处喧嚣之中,最适宜随遇而安,简化生活,坚守心的宁静,获得人生的平和。

首先,要巧做减法。减法,意味着要减去多余动作,减去多余应酬,减去纷繁干扰,然后把大块时间投入到最紧要的事情上。减法之难,难在拥有的太多,但拥有的超量的东西往往会成为阻碍我们前行的路障。

其次,要简单简洁。简简单单才是真,简洁从事方是道。

最后,要简化情绪。情绪如野马般狂奔,如火山般四散喷射,既伤人又伤己。如果能做到情绪内敛,善于把控自己的情绪,并能感知身边人的情绪,还能照顾别人的情绪,则能友善地跟别人交往。

简化,既要减又要简,宜轻装简行;更要"化",要化繁琐为简易,化危险为机遇,化腐朽为神奇,化邪气为正气。"别人扔来烂泥巴,用它种朵金莲花",此种境界,需用一生去修炼。

37 小 我

在大灾大难面前，个人的力量是那么弱小，有时甚至不堪一击；在浩瀚的星空宇宙之中，个体可谓轻如尘埃，微不足道；在古圣先贤的智慧长河里，个人的能量渺小微茫，甚至不值一提。因此，在自然规律和道德法则面前，我们唯有心怀敬畏，小心翼翼，循道而行。

李可染先生 70 岁时刻了一枚印章，印文是"七十始知己无知"。"知己无知"是彻底的谦卑，是对无我的敬畏和对生命的顿悟，这是人生的大智慧。

一个人如果让傲慢自大占据了内心，则内心就再也承接不住其他东西了。而一旦学会缩小自我，缩小到比尘埃还小，则内心的空间就会变得很大很大，大得能容得下天下之物。

"无我"是敢于刷新和清零，是为了成就别人而使自我变得虚空。即使一时难以做到"无我"，也可以尝试做到"小我"而"大别人"。如此，美妙的事情将次第发生。

38　自　大

"自"+"大"+"、"="臭",可以引申为人若是狂妄自大,就会变成"臭"人,招人厌恶。

自大的本质是无知。长期以来,人类以为地球是宇宙的中心;随着科学的进步,才知地球只是银河系里的一颗小行星,而浩瀚的宇宙是无限的。这个无限的概念使人类再也不能自命不凡。

孔子曾说:"君子不自大其事,不自尚其功,以求处情;过行弗率,以求处厚;彰人之善而美人之功,以求下贤。是故君子虽自卑,而民敬尊之。"意思是,君子不自我夸耀自己做的事,不推崇自己的功劳,以保持质朴实在;有了超常的德行,也不要求别人照着做,以保持忠厚谦虚;表彰别人的善行而又能赞美别人的功劳,是为了尊敬贤能的人。因此,君子虽自己贬抑自己,但民众却更加尊敬他。

自大之人,当常思孔子"不自大其事"的教诲。当一个人自大时,则已陷在自我的迷雾圈里出不来,其实是束缚了自己。自大自负、自我标榜、自我吹捧,不仅会让事情弄巧成拙,久了还会给身边的人带来负能量。"大"+"亏"="夸",一个自大自夸的人,最终是要吃大亏的,古人造字时已将这一道理隐在字里。不自大,不自夸,当是君子养身之道也。

39 低 浅

低浅相对于高深而存在。高处虽不胜寒,但低处却不胜烦。人若在低谷,则整日与虫蛇蚁兽为伍,纠缠不清,烦不胜烦;心若在低处,则成天对个人得失斤斤计较,玩心弄计,心力交瘁。

浅处不胜苦,深处方品甜。很多时候,人们在掘井时,无论掘了多少口井,但都没有掘出水来,其实都只因尚且停留在表层浅处,未能深入达到甘泉之源头。而苦和累往往都在浅处,一直在飘着浮着叫嚣着,一个人若不愿沉下去深下去,则只能品尝到苦水。

唯有让心立于高处,登高望远,方可一览众山小。心若立于高处,则既融入了世俗,又超脱于俗世,如花中之莲,出淤泥而不染,濯清涟而不妖;又如秋之清蝉,流响出疏桐,居高声自远。

一个有使命召唤的人,一个有大担当的人,心永远立于高处,且又脚踏实地、厚植根基,深入再深入,直至通达人生,砥砺前行。

40 自 污

"自污"的典故出自《史记·萧相国世家》，讲述的是西汉高祖时的丞相萧何，为求自保，自己玷污自己的清白和名誉。

"白璧无瑕"太完美，往往不真实且距离人太远。金无足赤，人无完人。如果一个人太完美，就可能有人污蔑你，有人诋毁你，有人举报你。而此时，不管他人是何居心，我们只要有则改之、无则加勉即可。他人所说若是无中生有，也可视其为提供了另一种让我们反观自我的视角——人需要在他人或真或假的批评中重新认识自己。

与其被动地承受"他污"，不如主动地实施"自污"，适当地进行自嘲。君子不妨自损形象，留点无关原则的"小缺点"，让别人批评指正，留点"小囧事"，让他人持作笑谈，尽量放低自己，这样也许会过得更安稳些。

41 自 救

如果你掉进陷阱里出不来，这时，有人扔下了树枝、绳索之类的救援物，那么即使此时你已万分疲惫，也都会抓紧它们坚持爬出来。

在人生路上，我们都会掉进这样或那样的困境，那么，除了大喊救命，企望别人的援手，你是否还曾想过，要竭尽己之全力想办法爬出来呢？也许很多时候，我们只顾着呼喊求救，却忘了自助自救了。

"扶正祛邪"是中医治病的基本原则，指调动全身的力量，扶起一身正气，将邪气拦截于身心之外。"扶正祛邪"也是人的自救之道：在深陷困境、求救无果的情况下，唯有激活全身的智慧和能量，千方百计攀爬出来，实现自我突围。

42 托 举

爬山登顶，能登高而望远，那是因为脚下有了泥土的支撑。人的成长何尝不是如此？每个人之所以能成为当下美好的自己，是因为成长路上拥有了众人的托举。

心中有敬畏的人，才能赢得比你高的人对你的托举，赢得比你低的人对你的支持。心中无敬畏的人，不管自以为自己多么了不起，也不会有人愿意搭理你，顶多只是敷衍你、应付你。

假如他人敬畏你，那么你更应按他人敬畏你的标准而活着，待人接物皆应依德而行。假如一时没有人敬畏你，那么就在自己的德行上继续下功夫，能敏锐地觉察到自己不如对方的地方，也能敏锐地捕捉到对方的闪光之处，真诚地去敬畏别人，把对方放在高于自己的维度上去看待。

唯有心存敬畏，别人才愿意托举你、成就你。人活着的价值，在于心无芥蒂地去敬畏别人，也在于有人愿意毫无保留地托举你。

43 南 墙

南墙，即影壁墙，是中国传统建筑中用于遮挡视线的墙壁。"不撞南墙不回头"，比喻某人行为固执，一条道走到黑，与"不到黄河心不死"所表达的意思相同。

"大道甚夷，而民好径。"明知不在道上，明知行不通，但对于走捷径走后门找靠山，人们依然趋之若鹜，非得撞南墙撞得头破血流才能幡然醒悟。

事实上，世上没有任何人可以一开始就把事情全部做对，应该允许走弯路、吃苦头甚至推倒重来，在不断撞南墙的过程中反思、总结，在不断的反思、总结、重建中前行。

可以说，只要认知科学了，那么"南墙"就是最好的老师。让一个人真正醒悟的，往往不是道理，而是"南墙"。

44 知　止

这是一个媒体高度发达、信息爆炸的时代，虚假信息、小道消息满天飞。QQ将你"圈套"在其中难以消停，微信让你微微相信又不敢全信，游戏让你乐此不疲而忘乎所以……如果不能知止，则人心很容易被各种信息带着走。

知止是否意味着是封闭自我呢？当然不是，时代的潮流会逼着你开放，人必须保持对时代和社会的敏感性和开放性，准确把握时代的脉搏，才不至于被挤下时代这辆列车。

知止的"止"，可理解为禁止、停止、止步，也可将其视为底线、边界和红线。知止，就是要做到"四非"：一是非礼勿视，主动拒绝无聊、喧嚣的信息，减少对眼力的耗散；二是非礼勿听，"五音令人耳聋"，可以说闲杂声音是邪气生发的土壤，扰乱我们的心神，应远避之；三是非礼勿言，君子不语怪力乱神；四是非礼勿动，不做任何不符合礼节的事，要养成"少举事"的习惯。

"知止"的"止"，还可理解为要达到的地方，或者说知道自己的使命是什么。一旦知道自己的使命，则会一门心思地为使命做出担当，就会心无旁骛，勇猛向前。

简言之，知止，就是要做到胸怀使命，善于对外拦截、对内自省，向前精进。

45 妄 动

妄动，指轻率行动，胡乱行动。妄动者，因目标不明、志向飘浮而损精耗神，终难成大事。

妄动者晚上像夜猫子，龙精虎猛；而白天时却像"软体动物"，萎靡不振；学习无精打采，对新鲜事物麻木不仁；生活得过且过，对人间冷暖漠不关心……

妄动者皆因内心有妄念，因而犹如磁铁，总会吸引到负能量的东西；又酷似内心有钩子，总能吸引别人往上挂东西。

君子当戒妄动，多思"贪欲害"，常破"心中贼"。只有内无妄念，方能确保外无妄动。

46 清　净

　　微雨后的天地间，碧空如洗，水平如镜，清净之气扑面而来，令人心旷神怡。

　　清净，是清空、自净，吐故纳新，把污浊和包袱清空了，故而可容纳新的东西；是不断调整自己的内心，使之清晰明亮，归于本真清静，进而让内心变得强大。

　　很多时候，因为心灵的荒芜，导致内心深处杂草丛生：一遇挫折苦难，就焦虑退缩；一遇荣誉名利，就你争我夺；一遇大事难事，就心急上火……要想铲除旷野里的杂草，最好的办法就是在地里种上庄稼；而要想铲除心中的杂草，让灵魂无纷扰，最好的办法就是用善念和美德来占据它。

　　因此，我们更需要时时反观内心，时时去污除浊。要去除自卑、自大、自私、自傲等杂草，从而才能守护心中那棵美德的大树。修得清净心，以内心的清净去应对现实的凌乱和芜杂，从现实的泥泞回归内心的宁静，最终走向通达。

47 损 友

损者三友：友便辟，友善柔，友便佞。

"便辟"，乃惯于谄媚奉承之人。这样的人做事没有原则，特别能"装"——装腔作势，装模作样，虚张声势。见到这样的人，最好与之保持距离。

"善柔"，指表里不一之人。这样的人巧言令色，常常当面一套背后一套，为了达到目的不择手段讨好他人。遇到这样的人，切忌被他的言语迷了真相。

"便佞"，指巧言佞言、夸夸其谈、毫无真才实学的人。这样的人能吹牛皮讲空话，似乎什么都知道，什么都爱品头论足，但其实只是"半吊水"，没有"金刚钻"的真本事。遇到这样的人，千万要划好分界线，保持好自己务实做事的作风。

不交损友，同时也是在警醒自己：要自强自律，不要成为别人的损友。

48 管 理

"管"者，下部有两个"口"，却都是封着的，意味着要"少说多干"；"理"者，左边一个"王"，意味着应行"王者之道"。合并起来，"管理"就意味着要少说多干，行"只问耕耘，莫问收获"的王者之道。

每个人首先要管好自己的好与恶，这是一个人走向自主自立的必经之路。

朱熹主张"存天理、灭人欲"。天理让人难受，人欲却令人舒适。而管理，就是要走出自己的舒适区，挑战畏难区，最终让舒适区与畏难区相重合，达到"从心所欲不逾矩"的境界。

突破舒适区、管理自我的过程很艰难。有的人之所以不能每天早起，是因为总和舒适的床榻、温暖的被窝黏着缠着。然而，躺在床上的人，永远也不会理解——每天早起，面对晨曦，呼吸天地之清气时的愉悦。

49 抑 制

"抑制",约束、压制之意。当人在充分感受到自己的渺小和有限时,内心里的贪、嗔、痴、慢、疑各种杂念就会受到抑制,因而在虚心向别人学习、跟别人合作时才有可能顺达通畅。

郑板桥的"难得糊涂"主张似乎为某些人提供了一种"轻松超脱"的生活观:无论大事小事,一概糊涂了之。看似简单,其实不然,真正的"糊涂"并非"易得",而实是"难得"。"难得"之处在于,对自我偏激欲望的抑制,对事不过于偏激,对理不过于执拗,对情不过于痴迷……对于一切,不对抗、不冲突,不偏不倚。

抑制自己,是为了保持住"不欲盈"的状态。因为,一切伟大的东西,都是淳朴而谦逊的。

50 拂 拭

拂拭，意为掸掉或擦去。在世俗世界中，想掸掉衣服上的尘埃容易，想擦掉心中浮尘却难，所以有"时时勤拂拭，勿使染尘埃"之说。

在这个五彩斑斓的世界里，人的眼里嘴里耳里心里塞满了太多的诱惑，这些诱惑如海妖的歌声一般，搅得人心神不安。

这时，我们便需要静下来，超越功利和私念，调整好纷乱浮躁的生活节奏，过滤掉人生的肤浅和粗俗，拂拭遮蔽内心的尘埃。

拂去心尘心自明。我们要常常清扫内心的垃圾，使之保持明亮清爽，激荡起昂扬向上的正气。

51 实 用

读书学习,不能老想着实用,更不要有功利之心。

当"实用"成为做学问的唯一动机时,将是很可怕的。有些人一开始学习,立即就想着要落实能用;一研究任何问题,总想要快速地得出结论。但是,凡急功近利做出来的学问,都流于浅薄,而深沉的东西多数会被遮蔽掉。

孔子曰:"君子不器。"意思是,君子不应仅仅像器具一样,仅有一方面的用途或功能。君子不要把实用性和功利性作为最终目的,追求看似无用的大道往往比追求一时有用的小术更可贵,也更值得推崇。

52 从 众

从众，即个人因受群体的压力，改变初衷而采取与多数人一致的意见和行为。很多时候，人们很容易在从众中随波逐流而迷失自我。

一般人不愿意孤行，走着走着，发现身边没有同行的人就觉得害怕了，于是转而从众。但一个人要成长，总是需要走一段孤行之路的，适时的孤独行走是一种重要的生命体验，在孤行中才可能与自己的灵魂相遇。

"一意孤行"是个贬义词，但如果将其拆开来看，却是一段必要的人生经历。"一意"就是抱着一个坚定的目标和信念，决不改变；而"孤行"则如庄子所描述的宋荣子那样，"举世誉之而不加劝，举世非之而不加沮，定乎内外之分，辩乎荣辱之境"。意思是说，全世界都在表扬宋荣子，但他也不因此而更加奋勉；全世界都责难他，但他也一点都不沮丧。因为，他能认清自我与外物的分界，辨明了荣与辱的界限。

53 臃 肿

"臃肿"从字义上看，意味着肉多、过度肥胖，行动不灵活。

臃肿之人身材走样，皮肤松弛下垂，走一小段路便气喘吁吁，更不用说爬楼或爬坡了。身体臃肿多数是因不良生活习性所致，如久坐懒动，一个手机可以刷半天；爱喝奶茶，高热量高糖分堆积；米饭超量，尤其晚餐时进食过多；经常熬夜，造成代谢紊乱；等等。冰冻三尺非一日之寒，身材臃肿非一日之馋，想改变臃肿，无非是要管住嘴、迈开腿。

然而，身体臃肿还不可怕，最可怕的还是精神臃肿。后者的表现为：占有欲太强，贪得无厌；道听途说，自以为是；每天焦虑纠结，活在负能量和坏情绪之中；时常绞尽脑汁算计人，老想着投机取巧走捷径；不思进取，睡在功劳簿上摘果子……想要改变精神臃肿，无非就是要勇于自我革命，随时清零，保持勇猛精进的生命状态。

新的一年，我们既要告别身体臃肿，也要告别精神臃肿。

第三篇 向上立志

向上	攀登	梯进	立士	心高	立志	快乐	鸿鹄	方向	信念
志学	考试	乐学	消化	学礼	主敬	礼敬	逆境	悲鸿	改名
改变	摔碗	菩提	冤兔	困局	面子	假装	格局	青春	做主
当下	磨炼	烂熟	虚空	示弱	柔软	柔和	学生	朋友	明师
大师	日新	上坡	较量	为公	无益	吃苦	隐德

第三篇篇首页图作
图名：《松山竹马图》
绘者：齐白石

第三篇　向上立志

1 向　上

人往高处走，水往低处流。一个人的生命状态应是积极向上的，如一棵树一般，越向上生长，越容易得到阳光雨露的眷顾。

然而，向上走很难。越向上走，心魔的阻力越大，所谓"道高一尺，魔高一丈"。越向上走，越需要有高度的严格和自律，也越需要有突破舒适区的勇气，更需要有化解艰难困苦和孤寂清冷的智慧。

"好好学习，天天向上"，毛主席所说的这看似平常的八个字，应成为向上者的座右铭。这就要求我们要向上立凌云之志，找到自己的使命和担当，远离粗鄙和堕落，要化日常琐事为诗意，化痛苦逆境为养分，永远将心立于高处，不断地向上提升自己、更新自己、超越自己。

2 攀 登

"攀"需用手,"登"需用脚,而"攀登"则需手脚并用,需身心协调、物我两忘,保持向上的姿势。"世上无难事,只要肯登攀",这句话道出了对"凌云志"的坚守和对初心使命的追求。

"会当凌绝顶,一览众山小。"这是杜甫在洛阳应进士落第后漫游泰山时写下的名句。在阔大无边的想象中,杜甫的心灵在自由行走,在努力登攀,他攀登的不仅是泰山这座山的自然高度,更是人生与心灵的高度。

人的内心高度的提升就像攀登一样。从山脚向山顶出发寻找自我,初始时也许有些自卑,也许有些胆怯,但一旦决心登顶,则义无反顾,在持之以恒中慢慢生发出强大的自信心。每向上攀登一步,就意味着迈过了一级困难,离目标更近了一步,也意味着内心境界提升了一级。通过持续攀登,不断超越,终于到达山顶,开拓出了一片新的天地,建立了新的自信时,可谓"脱胎换骨"。

攀登,连通着不忘初心、超越自我的精神追求。山再高,往上攀总能登顶;路再长,走下去定能到达。攀登,不同于悠然漫步、游玩嬉戏,无论多么艰险,都要朝着登顶的目标行进。这需要有攻坚克难的能量和"咬定青山不放松"的韧劲,要不为美景所惑、不为私欲所忧、不为孤寂所惧,全身心沉浸于征途之中,步履在攀登,身心同样在攀登。

到了山顶,不走回头路,重拾心情再出发。从山的那边走下来,自然、踏实、坦然,看似平实无巧,实则已达到了另一个心灵高度。

3 梯 进

"梯进",就是一个阶梯一个阶梯地向上迈进。一个人的自我蜕变和自主发展,关键在于"梯进","梯进"让人不断突破自我,进入新的境界。

人往高处走,一阶一阶地精进。坚持在不断的学习实践中,弄懂弄透一个道理,每迈上一个台阶,总结,沉淀和形成一个好习惯,就会转化为强大的力量。而后再学习新的道理,继续向上一个阶梯迈进,达到一个新的高度,站得更高,看得更远,视野也会更开阔了。

孟子曰:"源泉混混,不舍昼夜,盈科而后进,放乎四海。有本者如是,是之取尔。苟为无本,七、八月之间雨集,沟浍皆盈,其涸也,可立而待也。故声闻过情,君子耻之。"意思是,有源的水滚滚而来,从早到晚不停止,注满洼地再往前流,流向江河,直达大海。有源的事物都像这样,取这一点罢了。如没有本源,就像七、八月时的雨水,一时也能注满沟渠,但它很快就干涸了。所以,若是名过其实,真正的君子应是深以为耻的。

孟子所说的"盈科而后进",讲的也是梯进的道理。无论做人做事还是做学问,永远不要让自己的名声大于自己的实力,实力一定是梯级渐进的。否则,一味追逐名利,一时浪得虚名,根基就会不稳,就会像暴雨过后大水退去一样,暴露无遗。

4 立 士

"志"乃"士"之心，立志首先要"立士"。

何以为士？《道德经》第十五章专门阐述了为士之道，可作为立志的基础，曰："古之善为士者，微妙玄通，深不可识。夫为不可识，故强为之容：豫兮若冬涉川；犹兮若畏四邻；俨兮其若客；涣兮若冰之将释；敦兮其若朴；旷兮其若谷；混兮其若浊。孰能浊以止？静之徐清。孰能安以久？动之徐生。保此道者不欲盈，夫唯不盈，故能蔽不新成。"

其意为，古时候善于领着大家做事的人，微妙通达、深刻玄远，不是一般人可以理解的。正因为不能认识，所以我只能勉强形容一下：小心谨慎，好像冬天行走在结着冰的河面上，一步都不能放松；就像防备着邻敌的进攻，警惕戒备；恭敬郑重，就像到别人家里赴宴做客一样；说话做事温暖，就好像能使人心里的坚冰缓缓消融一样；淳朴厚道，就像那敦厚的原木一样；旷远豁达，好像深幽的山谷，有着虚怀若谷的胸怀；浑厚宽容，就像水一样能和光同尘。怎样能使浑浊停止变得清澈明晰呢？静下来慢慢沉淀。怎样能长久地安住呢？生命在于运动。保持这个"道"的人不会自满。正因为他不自满，所以能够吐故纳新。

那么，怎样为士呢？至少有以下要求，要做到：小心谨慎，恭敬庄重，温暖如春，厚道真诚，旷达宽容，虚怀若谷，守静虚空，革旧立新。

5 心 高

"心高气傲"是个贬义词,指态度傲慢,自以为高人一等。做人可以"心高",却不可以"气傲"。"心高",就是让内心立于高处,离世俗远一点,离神圣近一点。

"居高声自远,非是藉秋风",虞世南的哲理诗中以蝉喻立身高洁的人,他们并不需要权势、地位、财富等外在的凭借,凭自身高洁自能声名远播。

做教育的人,内心首先要高贵,要看得起自己,能敬重自己,真诚地吸纳和弘扬神圣高尚的东西。

其次,要让内心立于高处。遇到烦恼、纠结与痛苦之事,切忌一味逃避和远离,须守住本心,居于高位,"不跟别人一般见识",并善于"在事上磨"。要从利益判断中抽离出来,不做得失权衡,只做价值判断,从而超越基础的人性,达到道心的层面。

不经一番彻骨寒,不经一番磨砺苦,是难以磨出居于高处、晶莹闪光的道心的。

6 立 志

近读《袁隆平传》,发现他之所以走上了研究杂交水稻的探索之路,不仅是因为受家庭的熏陶、人生经历的影响,以及对科学的热爱,更多的是因为他有"国家兴亡,匹夫有责"的责任意识以及报效祖国的远大志向。

他的童年时期正值社会急剧动荡的 20 世纪 30 年代,抗日战争爆发后,老家德安的房屋被日寇炸毁,少年隆平在随家迁徙、流浪中饱受时代的苦难。在短短几年的逃难生活中,全家频繁搬迁,辗转到过北京、重庆、武汉、南京等地。社会不幸和山河破碎的残酷现实,使他懂得了国家兴亡与个体责任之间的关系,于是他立志做一个使中国富强,不受外国列强欺侮的有志之人。他说服父母报读了西南农学院,主修遗传育种学。这一选择,改变了他的人生轨迹。

毕业后,袁隆平在湖南安江农校当教师,尝试搞月光花嫁接红薯的试验,但"月光花红薯"的试验并没有成功,加之受农民对"红薯是杂粮,是水稻的搭头"看法的影响,袁隆平转向了水稻研究。1960 年始,罕见的连续三年自然灾害,造成了全国空前的粮食饥荒。这一切身的痛苦经历,让袁隆平立志为在中国土地上消除贫困和饥饿而努力。他说:"经过三年自然灾害,自己挨过饿,特别是看到全国人民都在挨饿,亲眼看到饿死人……从科学上寻找高产的办法,向饥饿挑战,为中国人民解决吃饭问题,是我们学农的知识分子的天职。"

杂种优势应是生物界的普遍规律,而在水稻这样的自花授粉植物中进行天然或人工杂交是非常困难的。要怎么推进水稻杂交呢？他在田里一天又一天地开展研究。功夫不负有心人，当勘察到第 6400 株稻穗时，他发现了一株天然雄性不育株。接着，在对 8500 多株水稻进行认真观察后，又找到了 5 株天然雄性不育株。1966 年，他在《科学通报》发表了《水稻的雄性不育性》一文，提出利用杂交水稻第一代优势成为可能的观点，真正闯进了水稻研究的禁区，成了禁区拓荒者。

立志有大小，但无论大小都是无价的。袁隆平立的是大志，他肩担的是大使命，是为更多的人而担当。担当越大时，他的人生动力就越足，事业如有神助，最终成就了一代"杂交水稻之父"的美誉。

7 快　乐

　　快乐，不是一种低级的感官享受，而是在任何人生阶段，在任何压力下，都要保持的一种乐观与幽默、耐性和韧性，一种任何人或任何环境都夺不走的豁达向上的心态。

　　快乐需要回归初心。随着年龄的增长，人们的欢声笑语变少了，因为他们的内心不再简单，变得更加复杂和计较。唯有回归孩童般的纯真，保持一颗简单的心，方能重拾快乐。

　　快乐来自赠人玫瑰。"舒心"即快乐，心是展开的，心情舒展了，人自然就会开心。从汉字结构来看，"舒"字是"舍"+"予"，合起来就是"舍得给予"。一个舍得给予的人，心情一定是舒畅的，内心一定是愉悦的。

　　快乐还来自一颗纯粹的、容易满足的心。水的快乐并不是来自波涛汹涌的大海，而是来自池，来自湖，当微风拂过时，水面便漾起细碎的涟漪和轻盈的快乐。一个深不可测、胸有城府的人是难以快乐起来的。

　　无数的小确幸积累成为"快乐"，无数的小快乐累积成为"舒心"，无数次的"舒心"积累成了内心油然而生的喜悦。一个每天都活在喜悦里的人，其内心的富有可谓妙不可言。"一箪食，一瓢饮，在陋巷，人不堪其忧，回也不改其乐。"贤者颜回的快乐超脱在常人的想象之外，如此脱俗，可也！

8 鸿 鹄

庄子曾说:"井蛙不可以语于海者,拘于虚也;夏虫不可以语于冰者,笃于时也;曲士不可以语于道者,束于教也。"

意思是说,对井里的蛙,不可与它谈论关于海的事情,因为它的眼界受狭小居处的局限;对在夏天生与死的虫子,不可与它谈论关于冰雪的事情,因为它的眼界受时令的制约;对见识浅陋的人,不可与他谈论大道理,因为他的眼界受其所受教育的束缚。

一个人的发展,如何才能突破自身的种种局限和束缚,让井蛙可语海,让夏虫可语冰,让曲士可语道呢?其关键就在于立志,在于能否立鸿鹄之志。

"燕雀安知鸿鹄之志乎?"燕雀之志在田野林间、屋舍房檐,而鸿鹄之志在高远天空,在高山大海。鸿鹄翱翔于暴风骤雨间,燕雀则呢喃于屋檐之下。

要志在青天,背后的支撑是对风、对雨、对闪电的态度。鸿鹄敢于面对风雨雷电,勇于挑战,善于借力,矢志不渝,所以能上青天;而燕雀安于现状,瞻前顾后,因而只能流连于林房瓦舍之间。"好风凭借力,送我上青天",鸿鹄之"风"未必为将王之风、和煦之风,而往往可能是电闪雷鸣、风云激荡,需要迎难而上、逆风飞翔,更需有"让暴风雨来得更猛烈些"的豪情壮志。

穷且益坚,不坠青云之志。这,也许才是真正的鸿鹄之志吧。

9　方　向

人的一生，方向很重要。而想要找到正确的方向，必须明确五个"根"。

一是根本，即动机，"我为什么要干这件事"。人生在世当常问自己："我为什么要干这件事，而不是别的事。"

二是根基，即能力，"我凭借什么干这件事"。没有金刚钻，不揽瓷器活儿。有多大能力干多大事，根基是硬实力。

三是根据，即工具，"我用什么办法来干这事"。只要我们诚心实意，不轻言放弃，办法总比困难多。

四是根系，即资源，"谁来支持我做这事"。一个好汉三个帮，我们要善于经营自己的"圈子"，让自己变得强大，与优秀的人为伍，向优秀的人学习。

五是根源，即状态，"怎样才能让这事持续"。一件事能够延续，本质是使原有的状态保持不断递进的状态，如那生生不息的河流，奔腾不竭。

10 信 念

2019年诺贝尔经济学奖获得者是来自麻省理工学院的一对教授夫妻和一位来自哈佛大学的教授,他们三人花了20年时间奔走于18个国家,共同发现了一个结论:穷人若想要脱贫,最需要的不是钱,而是信念。

首先是信。信对应疑,半信半疑最可怕。很多时候我们因半信而处于半疑的悬崖边,但我们对此却不自知。信,就要全信、深信乃至坚信。不同程度的"信"之花,会结出各不相同的"信"之果。

其次是念。电视剧《叶问》中有句著名台词——"念念不忘,必有回响",试想,你都不去念叨它,它怎会轻易回应你呢?因而唯有心心念念,并且一以贯之,全力以赴,方能静待花开。

实际上,真正让信念落地的是耕耘,而不是收获。耕耘是可以自己做主的,由自己强大的信念所驱动,而收获往往是个体难以左右的。人生不如意十之八九,一直称心如意的至多一二。

自己能决定的就是,在信念的支撑下,勤奋耕耘,一以贯之。

11 志 学

　　我曾多次在与一些家长交流时聊到,总觉得现在的孩子似乎缺了些什么,缺的是立志——学习没有志向,生活就没有热情和动力。

　　立志乃万事之本。无志之人常立志,有志之人立长志。持志如心痛,因为心中有志,所以只要一跑偏,心便会痛,会提醒你要回来;对有志之人而言,杂念犹如浮云,自己很清楚要做什么,要到哪里去,而不会受杂念诱惑。

　　立志,不是立别的什么志,而是"有志于学"。即深信好学的力量,将有志于学当作一生的信仰。通过一生不懈的修行,调整自己内心的高度,将生命放在实践中体悟,活出荣光。

12 考 试

每到期末检测的时候，我们总能发现，有些学生在考试前勤奋刻苦，对知识如饥似渴，不惜临阵磨枪、挑灯夜读，但考试后却完全换了一个样，嬉闹放纵，乃至放任自流。

看一个人是否真的好学，不在于他考试考了多少分，成绩有多好；而在于看这个人在考试前是否认真努力，在考试后是否依然坚持认真努力。即使因考试结果优异而偶尔放松一下后，也能及时警醒自己，迅速收心，回到一如既往认真努力的状态。认真努力，不仅仅是为了考个好成绩，而是为了不断完善自己，不断成为更好的自己，从而有更多的智慧和更强的能量去成就和帮助更多的人。

人生历程中，会面临成千上万次考试。大多数考试是阶段性的，但有的考试却是一辈子的——你是否已立志成为一个好学的人？

13 乐　学

我给孩子取的名字中有个"毅"字,希望孩子学习有毅力,生活能坚守,做人有担当。现在想来,我的思想层次似乎浅了,因为真正的"乐学者",根本不需要靠"毅力"来坚持。

学习,贵在深入,一旦深入,便可乐在其中。越深入,人与知识的情感越会不断升级,从无兴趣到有兴趣,再到喜爱、热爱、酷爱,甚至忘我痴迷,一步步不断地深入。

学习是人生中具有重要意义的事情。假如将每个人的世界当作一个圆,学习是半径,那么半径越大,所拥有的空间就会越广阔,意味着知道的东西越多;相反,圆圈的外围面积越大,意味着不知道的东西也越多。

从这个意义上说,学习,应定位在"知己无知"上,在此基础上思考自己追求什么、喜欢什么,在何处能掘出井水来,对什么能乐在其中——这也许就是每个人终身必修的功课。

14 消 化

　　吃饭，最好的习惯是细嚼慢咽，让美味佳肴在肠道里被充分地消化、吸收，转化为身体的能量。

　　阅读，最高的境界也是消化，不但要去消化自己所读到的内容，而且要通过阅读，去消化那些已经发生在别人或自己身上的人生经历，并转化为精神的力量。

　　一个人，无论对吃饭生活，还是对阅读学习，若一味图快，往往适得其反，欲速则不达。速度是快了，但什么也消化不了，什么都吸收不了，最后只能流于形式，走个过场。

　　要想成为某个领域的权威，靠的多半不是"快"，而是在"缓"中充分地消化、积蓄。虽放缓了速度，却提高了吸收的效率。于是，人生阅历在漫流中得到积累。

15 学　礼

"不学礼，无以立。"对孔子所说的这句话，可理解为：人之所以能立身处世，是因为学礼、知礼、懂礼、行礼，内心有敬畏。

往小处说，礼就是规矩，没有规矩不成方圆。待人接物不讲规矩的人，没人愿意托举他。有的人二三十岁了，但感觉言行还像是没长大的小孩，没有"立"起来。这一定是因为其从小没有学好规矩，到了成年时虽看起来像个成人，但其实在思维方面还是"小孩"。

往大处说，礼是人内心对生命的敬畏，就像一盏明灯。灯亮了，其他的东西都能看得清楚。当任何一个人来到这盏灯跟前时，就容易被唤醒，从而"立"起来。

学礼是为了行礼。行礼不仅是下对上有礼，更重要的是上对下也应有礼：父母亲对孩子、长辈对晚辈、领导对下属皆谦恭有礼，这种礼就是光芒和力量。

行礼，是为了更好地成全自己。

16 主　敬

主敬，就是主要依靠敬。也许我们没什么深刻的思想，也没什么旷世的智慧，但唯独不能没有虔诚之敬。"敬"是我们唯一可以安身立命的东西，因为有了"敬"的托底，就可赢得高于你的人的托举，也可赢得低于你的人的尊敬，你的发展空间才会越来越大。

有人曾对孔子指指点点，而其弟子子贡说，"夫子之墙数仞，不得其门而入，不见宗庙之美，百官之富。得其门者或寡矣"。意思是说：我的老师道德尊崇，仰之弥高，他的门墙虽然只有数仞之高，但如果不得其门而入，站在外面看时，只看见墙，却看不见里面的气象和威仪，能找到门进去的人并不多啊！

这段话讲的是做学问、做人和学本事，不是站在外头看，而是要进去学，要设法"得其门而入"。而"得其门而入"，就需一个"敬"字。马一浮先生曾说，主敬为涵养之要。一个人获得涵养的关键是以敬为主，没有敬，就像网兜提豆腐，装什么漏什么。

敬字，就像一盏安于心底的永不熄灭的长明灯。对民族的历史，对先贤的智慧，对高于自己水平的人，我们应心怀温情与敬意，小心翼翼地走进他们的精神世界里，力行一字一句切己体察，仔细琢磨，知行合一。

17 礼　敬

礼敬，即敬人敬事敬物，以合乎礼仪的举动表示尊崇，敬是礼的具体实践。这意味着要对神圣的东西保持一定距离、一定空间。有了这个距离，人们才有可能缓解并消融矛盾和冲突；有了这个空间，人们才能跟自己和解，认知到真正的自我。

古希腊智者普罗泰戈拉曾提出"人是万物的尺度"的哲学命题，而中国人的礼，则是一个人度量自我的尺度。一个人无礼，实际上是他理不清本末、看不起自己的表现；而对天地人保持礼敬，本质上是一个人对自己的看重。

"礼之用，和为贵。"人与人之间、事与事之间彼此都会有矛盾，想要中和矛盾、调整偏差，靠的便是礼敬。

当然，礼敬也需要保持一个适度的距离，太近了会使人觉得"烫"，太远了会使人觉得"凉"，太远或太近都会产生问题。不懂礼固然不对，但如果一个人一天到晚都在"讲礼貌"，礼太多了，大家就会误会他在谄媚、拍马屁。

第三篇　向上立志

18　逆　境

《逆境中的毛泽东》一书，叙述了从 1931 年 11 月至 1934 年 10 月红军主力长征期间，毛泽东所遭受的接连不断的批判和不公正对待。他身处逆境中却从容沉着，开创了中央根据地；他坚持调查研究，身着粗布衣，穿着草鞋走山路，深入劳苦大众之中。坚持使他有所建树，最终迈向伟大。可以说，正是有了这三年经历的"因"，才有了 1935 年 1 月遵义会议确立以毛泽东为核心的党中央的正确领导的"果"。细究其"因"，至少有以下几点值得借鉴。

首先，不唯书不唯上，而应实事求是。根据中国国情的实际，毛泽东提出了把武装斗争的中心由城市转移到敌人统治力量薄弱的农村去的策略，开辟了一条农村包围城市、武装夺取政权的独具中国特色的革命道路。

其次，在逆境中不消沉，而是紧紧依靠群众、密切联系群众，有所作为且成效显著。毛泽东认为，革命要是没有赢得农民的拥护，就会走向失败。政府的政策基点，一是应从实际中来，二是应符合老百姓的利益。得罪谁都可以，就是不能得罪老百姓。要像和尚念阿弥陀佛一样，经常念着"争取群众，争取群众"的经。

再次，以身作则，脚踏实地开展工作。毛泽东善于调查研究，每到一个地方，只要有机会、有时间，都要开调查会。在生活中，他可谓"自带干粮去办公，日穿草鞋干革命"。身为苏维埃中央政府主席的毛泽东，每天生活的标准只有三钱盐、两钱油、十二两米。此外，他还善用农民接受的方式讲道理。例如，在开展土地革命的过程中，他对老百姓说，"田"字向上出头则变成了自由的"由"，人民有了田地才自由，不受压迫和剥削；向下延伸，又变成了"申"，穷人分到了田，才能伸直腰杆子做人。

  逆境见证风雨，逆境成就伟大。处处一帆风顺、事事顺心如意的人难以成为栋梁，未遇困难、没经厄运的人难以成为伟人。我们能做的，唯有坦然接受逆境，鞭策自己昂扬向上。

19 悲 鸿

著名画家、人民艺术家徐悲鸿,原名徐寿康,少年时自己改名为悲鸿,想让自己从个人的康乐安宁中超脱出来,成为天空中长久悲鸣的鸿雁。这一志向,成就了这位拥有悲悯情怀、笔下奔马洒脱恣意的一代美术大家。

徐悲鸿所画的骏马奔腾、雄狮坐卧、雀鸟逆风飞翔皆活灵活现,富有生机。这得益于他在父亲的影响下练就的敏锐的观察力。他观察奇形怪状的石头,观察在晨雾中泛于水上的渔舟,他并非走马观花式地欣赏,而是习惯于注视一切美的事物,观察花鸟鱼虫和各种植物的外观细节,以及事物的明暗、动静关系,这为他日后的美术生涯奠定了坚实的基础。

立志是成功的关键,而观察比思考更有意义。

20 改　名

"把有限的生命投入到无限的为人民服务之中去。"这是大家耳熟能详的雷锋的名言。雷锋一生曾两次改名，从名字里可看出他成长过程中志向的变化。

雷锋原名雷正兴，是家人按照族谱起的名，取"家道兴旺"之意。正兴是个苦孩子，在苦难的童年里，祖父、父母、哥哥和弟弟相继惨死，不满7岁的小正兴孤苦伶仃地在死亡线上挣扎，是共产党让雷正兴获得了新生。

在湖南望城县担任通讯员时，正兴想把名字改为单字，时任县委书记张兴玉建议他改为雷峰，希望他奋发图强，勇攀高峰，于是就有了雷峰这个名字。

后来，在鞍钢工作时，雷峰与钢铁结缘，他决心在鞍钢打冲锋、争先锋，便将名字改为雷锋。雷锋在入党申请书上签名时用的也是"锋"字。

翻开《雷锋日记》，映入眼帘的是雷锋发出的七问：如果你是一滴水，你是否滋润了一寸土地？如果你是一线阳光，你是否照亮了一份黑暗？如果你是一颗粮食，你是否哺育了有用的生命？如果你是一颗最小的螺丝钉，你是否永远坚守在你生活的岗位上？如果你要告诉我们什么思想，你是否在日夜宣扬那最美丽的理想？你既然活着，又是否为未来人类的生活付出你的劳动，使世界一天天变得更美丽？我想问你，为未来带来了什么？在生活的仓库里，我们不应该只是个无穷尽的支取者。

雷锋用他短暂而有意义的一生给"七问"作了最好的诠释。从雷正兴到雷峰，再到雷锋，体现的是一个平凡的人不甘于平庸的追求。

21 改　变

　　生逢瞬息万变的世界，身处思想激变的社会，亲历价值裂变的时代，可以说唯一没变的就是变化本身。"天行健，君子以自强不息。"变化是天道，人应该顺应天道，勇于改变，自我更新。

　　然而，有的人却让人直呼遗憾，他竟然默默忍受几年乃至几十年的痛苦和不快乐，却不愿意花费一年或两年的时间去投资自己，发奋图强，改变自己。相比之下，一个快递小哥，可以在送快递的途中背诵古诗词；一个不起眼的宿管员，可以通过自学考上研究生；一个普通的保安，可以通过艰苦的磨砺修炼，成为商海的弄潮儿……这都源于他们内心有对美好梦想的追求。"人如果没有梦想，跟咸鱼有什么区别？"周星驰在电影《少林足球》里如是说。

　　改变自己，意味着追随内心的呼唤，意味着勇于自我约束，意味着勇于自我革命，敢向自己的惰性痛下刀子。一个人，如果吃不了自律的苦，就只能沦为平庸。

2.2 摔 碗

湖北恩施流传着一个摔碗酒的习俗，此习俗缘于土家族，据说起源于周朝。相传，当年巴蔓子将军因国内有难，向楚国求救，楚国要求事成后割让三座城作为报酬。危难解除后，巴蔓子不忍割让自己国内的城池，只好割下自己头颅来换取城池。赴难之前，巴蔓子喝酒后摔碎了碗，再拔剑自刎。他舍了自己，重了信誉，保了国家。舍生取义，真乃大义。为了纪念巴蔓子的壮举，恩施遂有了摔碗酒的习俗。

后来，这一习俗转化成为一种有关友情的表达：双手端碗，表示尊敬；一饮而尽，表示诚意；碗口朝下，表示毫无保留。而我认为，最后一摔颇有坚决决裂之意，一摔而碎，不破不立——不破除自己的坏习惯和固有经验，就无法成就新的自己。

来碗摔碗酒吧，将过去的一切摔得稀巴烂，向过去说再见，再重塑一个崭新的自我。

23 菩 提

"菩提"是梵文 Bodhi 的音译，意思是觉悟、智慧。近读《心若菩提》一书，玻璃大王曹德旺在书中如是说，"世界再复杂，心态也要静""人要有信仰，我的信仰是做一个乐善好施的人"。这两句话，也许可作为"心若菩提"的注解：一个人只有心静，方能顿悟、觉醒，方能生出大智慧，方能成就大施舍。

曹德旺这样说，也是这样做的。多年来，他向社会捐赠的善款多达百亿元。其中，他花费百万元为实习生治疗白血病、帮助病重的至交朋友的儿子成家等爱心故事，令人动容。而他花重金打赢与美国、加拿大的反倾销官司，更是让所有中华儿女为之热血沸腾。

作为一个成功的企业家，曹德旺有着别人望尘莫及的经商智慧，他立志于做汽车玻璃，始终初心不改。作为一个乐善好施的榜样，曹德旺的精神同样值得被传播开去——静心乐善，心若菩提。

24 冤 兔

"冤"字与兔相关,意思是兔子被关在网罗栅栏之下,不能舒展,不能逃脱,只有屈从,引申为冤屈。兔子作为一种食草动物,性格温顺,体型小,凶猛一点的肉食动物都能欺负它,以其为美味大餐,这么说来,它如何不冤?

然而,兔子虽觉有冤,却能负屈含冤,靠自身德行将"冤"化解掉。在中国传统文化中,人们赋予兔子五种德行:

德行一,"敏"。"动若脱兔"这个成语,即是说一行动就像飞跑的兔子那样敏捷、迅速。兔子反应灵敏、行动迅速,是典型的行动家,它不吠不鸣,只做不说。《论语》中有言,"君子欲讷于言,而敏于行",可见兔子有君子的德行。

德行二,"勤"。"茕茕白兔,东走西顾",兔子不停奔跑觅食,不断繁衍生息,保持着旺盛的生命力;即使跑到了月亮之上,仍在不停地捣药,是自强不息、勤奋敬业的典范,堪称劳模。

德行三,"勇"。"兔子急了也咬人",危急时刻它敢于挺身而出,勇于斗争。"兔子蹬鹰——以守为攻""兔子成精——比虎厉害",这些俗语说出了兔子面对强敌时的勇猛,堪称勇士。

德行四,"智"。"狡兔三窟,得免其死",这说明兔子很有智慧,善于防患于未然,具有强烈的风险意识。此外,"兔子不吃窝边草",说明兔子不搞窝里斗;"兔子满山跑,仍旧归老巢",说明兔子非常顾家,重视家庭。这些都是兔子生活智慧的体现。

德行五,"仁"。兔子生性温顺,不对其他动物构成威胁,堪称仁者。更神奇的是,母兔临产前还会"拔毛育子",把自己胸部和腹部的绒毛拔下来,铺成窝给即将出世的孩子,其母爱不逊于人类。

在大众心目中,兔子已经成为美好吉祥的象征,代表着机敏勤劳、善良乐观、活泼灵动,这些都是德行之美。每个人当对照兔子,立起"敏、勤、勇、智、仁"等五德,化解困厄痛苦,提升仁爱之力,彰显德行之光。

25 困 局

"困",指陷入了艰难痛苦或无法摆脱的环境之中。"困局",即是一个难以破解的迷局,外面的人进不来,里面的人出不去,困在里面无法动弹。

身处困局之中,人容易变得懦弱胆小、信念动摇,甚至会产生自我怀疑、自我否定,最后导致停滞倒退,乃至堕落。

那么,应如何破局?首先是要破"心中贼",要遵从自己内心的意愿。任何人的建议和意见,都无法代替自己内心的呼唤。加之很多时候困住自己的往往不是别人和外境,而是"坐井观天"的自己。其次是要坚持学习和反省,通过持续地反思和勇于面对挑战,以及正心正念的指引,让自己变得强大起来。最后是要善于借助外力来破圈,逆风而行,循势而为。

当一个人以历史和宇宙为坐标时,征程必定是星辰和大海,则任何困局都困不了他。

26 面 子

"树活一张皮,人活一张脸。"人的面子很重要,但"里子"更重要,生命的质量最重要。

惊闻某大学一名大学生因偷窃外卖被抓,他碍于面子而跳楼轻生,令人痛惜。怎可为了面子而轻生?为何不反思自己的"里子"?如果诚恳改过自新,则浪子回头金不换,祖国的大好河山等着其去丈量,相比之下,面子是何其微不足道!

为面子而轻生的人,其内心一定是缺乏精神根据地的。孔子提出的"志于道,据于德,依于仁,游于艺",为人们建立起了精神根据地,提供了一份人生指南。简单来说,就是:立志要高远,有使命感;要据守于德,对自己有德行标准要求;要遵循于仁,有一颗"老吾老以及人之老,幼吾幼以及人之幼"的仁心;要游习于六艺,有一技之长,既能自立自强,又能贡献社会。

君子为使命所驱使,小人为利益而奔波。志于道,关键在立志。志无定向,就会没有使命感,就会成天找"机会",找下一个"风口",就必然会焦虑不安。任何时候,都要先问问自己的志向是什么,能够为社会贡献些什么,为世界留下点什么。

有了自己的精神根据地,心才有了归宿,面子也就显得没那么重要了。否则,即使身居豪宅,心也是在街头流浪。

27 假 装

打肿脸充胖子是装，死要面子活受罪也是装。小说《项链》中，玛蒂尔德为了参加舞会装面子，向邻居借了一条项链，却不小心把它弄丢了，被迫倾家荡产，最后通过省吃俭用、辛苦劳作，才好不容易偿还了购买昂贵项链的债务。玛蒂尔德的"装"，"装"来了一生的艰难。

人生无常，有时确实需要"装一装"。但是，这种"装"是有智慧地"装"。能够做到这一点的人，往往拥有一个强大的内心世界。内心强大的人，从不向命运低头。因为他坚信，"今天没钱，不等于明天没钱""如果重要，时间是可以挤出来的""保持忙碌，全神贯注，身体就会好起来的"。历史上曾有一个经典案例，诸葛亮面对司马懿所带领的15万大军，彼时他只有2000多名军士守城，他假装镇定，端坐城台，大摆空城计，弹一曲古琴曲，智退来犯之敌，实为高人。

如果你原不够风雅，是可以"假装"风雅的。在"附庸风雅"的过程中，不断地锤炼内力，渐渐地，也许你就会变成风雅之人了。

28 格 局

格局，一般指一个人的眼光、胸襟或胆识，一个人的发展往往受其格局的限制。

俗语说："再大的烙饼也大不过烙它的锅。"这句话的意思是，你想烙出的饼再大，也得受烙它的那口锅的限制。我们所希望的未来，就像这张大饼一样，是否能烙出让人满意的"大饼"，完全取决于烙它的那口"锅"——这口"锅"就是一个人的格局。

近期，我在了解王希季院士、邓稼先院士、翻译家许渊冲等令人高山仰止的老前辈的故事时，被他们的涵养和格局所深深感动。他们的格局在于，他们为自己想得少，为国家为民族想得多；他们生命的格局，就是做一件事坚持一辈子，不求一时得失，更多的是考虑做了这件事能否成就别人、能否成就国家民族。

格局越小，纠结的都是鸡毛蒜皮之事；格局越大，就会关注更加广大的社会和更加广泛的人群，内心的担当意识也就越强，人生的动力就会更足。至于最终成就几何，则顺其自然。

29 青 春

  青春，倒过来读就是"春青"，春来草自青，反映的是小草的恒守与坚韧。青春是热血沸腾、热情似火、豪迈敢为的代名词。
  著名学者周国平先生曾列出青春时代不能错过的十件事，分别是恋爱、交友、烹调、旅行、锻炼、本领、读书、艺术、日记、挫折。如进行聚焦的话，我认为，首要是要学会生活。要掌握一门能维持生存的看家本领，宜尽量按自己的兴趣选择职业，如做不到，则应以敬业精神对待工作，在业余时间里发展兴趣；同时，学会烹调，能烧几样好菜，体会日常生活的情趣，这样人生即使平淡却也是有滋有味的。
  其次，是拥有健康的身体。坚持锻炼，有一项自己喜欢并能坚持下去的体育项目。
  再次，是拥有高雅的精神追求。如读有高品位的书，喜欢音乐、舞蹈或绘画中的任何一种艺术，每年旅行以长见识，坚持写日记反省，这些是涉及个人修养的；在人际关系层面，则有交友及恋爱，交若干好朋友，至少谈一次恋爱，不辜负美好的青春；在苦难磨炼层面，要经历一次较大挫折而不被打败。
  如还要加一项的话，我认为就是立志。人无小志，就容易懒散；若无中志，则内心无根基；若无大志，则缺乏气势。小志为生活之志；中志乃职业之志，要有相对恒久的事业，要立志在一件事上下笨功夫，深耕细作；大志是社会之志、民族之志、家国之志，是大使命，为更多的人担当。
  人的青春应当这样度过：当回忆往事的时候，他不会因为虚度年华而悔恨，也不会因为碌碌无为而羞愧。

30 做 主

人生能自己做主的事其实很少，就像打牌，我们无法决定这副牌的好坏，我们同样无法决定自己的出生、智商、父母的素养、家庭的背景，等等。但是，无论你抓到了一副多么差的牌，都要把它打好，即使是一副烂牌，也要打出精彩的结局。

低开高走，源于内心有光、心中有志。我们应当在适当之时干适当的事，切勿阴差阳错，错失了良机，荒废了青春——在本该下笨功夫的时候游戏人间；在需要变通使巧劲的时候一根筋；在需要真刀真枪比真本事的时候，扛不住事情；在该断舍离的时候，偏偏又放不下……

正因为我们自己能决定的不多，所以才更应该将自己能做主的事做到极致，将生活的阴影从自己的内心中移到身后，在日渐汇聚起的能量中不断更新自我，抵达一个更高的境界。

31 当 下

当下即未来。无数个有投入、有收获、有喜悦的当下，日日不断积累，便可汇聚出未来。

朱光潜先生在武汉大学任教期间提出的"三此主义"是对"当下"最好的注解：此身应该做而且能够做的事，就得由此身担当起，不推诿给旁人；此时应该做而且能够做的事，就得在此时做，不拖延到未来；此地应该做而且能够做的事，就得在此地做，不推诿到想象中的另一地去做。

着眼当下，不推诿，不拖延，不空谈，行动至上。不因暴风骤雨而退缩，不因路途漫漫而沮丧，人当在压力中善于调节，在紧张后适当放松，在大量损耗后尽快恢复元气，在无常的当下人生中，感知每一份平凡的幸福。

安住在当下，内心便开阔平和，从而能专注于将手头的事做到极致，智慧自然而生。当下，因持续学习而心生喜悦。无数个当下的喜悦，积淀形成一身的静气和定力。

32 磨 炼

"天将降大任于斯人也，必先苦其心志，劳其筋骨，饿其体肤，空乏其身，行拂乱其所为。所以动心忍性，曾益其所不能。"孟子的这段话揭示了一个人成长成才的基本路径——只有经历过苦难磨炼的人，才能在生活中越炼越勇、越炼越稳、越炼越静；或者说，一个人要自觉接受苦难的磨炼，否则，人生太顺，反而不利于成大事、担大任。

不曾试过"苦其心志"的人，难以想象辗转反侧、夜不能寐的难受：为什么我这么努力，能力不如我的人却领先了？为什么我明明比别人强，却总是没有我的机会？为什么唾手可得的荣誉，却让不相干的人获得了？为什么总是小人得志、老实人吃亏……

不曾试过"劳其筋骨"的人，难以体会到精疲力竭之后倒头便睡的香甜。

不曾试过饥肠辘辘的人，难以想象饥饿的可怕：饿到极限时，看到什么都想吞，桌子、椅子、书包，甚至风和雨；再饿下去，就像有人在你的胃里挂了鱼钩，使劲地拉，每一寸胃壁都在狂喊疼痛，只好大口大口地喝水，让沉甸甸的胃感觉不到疼痛……

不曾试过"空乏其身"的人，难以珍惜眼前的幸福，难以感恩身边的人。不曾试过"行拂乱其所为"的人，难以磨出坚忍的毅力和临机应变的能力。

让暴风雨来得更猛烈些吧！就像那勇敢的海燕，在闪电之间、在怒吼的大海上高傲地飞翔。

33 烂　熟

茑屋书店被誉为全球最美书店之一，有"森林中的图书馆"之称，书店全年进店的人数超过100万人次。在实体店举步维艰的今天，这里却能成为让顾客怦然心动的"生活方式提案店"。那么，它的经营秘诀是什么？增田宗昭的《茑屋经营哲学》一书揭示了其中的答案——烂熟。

"烂熟"，即非常熟悉，表现在对整体的把握和对细节的掌控上。仅靠一时的努力是远远不够的，"烂熟"就是要积累随意一做就能取得好结果的实力。

例如，增田宗昭在开每一家书店前，都会长时间地在街头观察过往的行人，体会他们的心情和经济状况，思考"假如我是他们，希望在这里出现的是一个怎样的商业体"。他甚至要求每个店的负责人都要搬家到那家店附近去住。如果做饮食生活提案，要求做到每天都必须了解各种美食，对几乎所有食物的信息都了如指掌。

而"烂熟"的动力源于决心。一旦有了决心，便不会逃避，不会找借口，便能创造出机会，且总能遇到愿意提供帮助的人。一旦有了决心，就会去挑战虽然不会却想做的事情；就能够向固有观念开战，创造出新知识，发自内心地热爱一份工作；就能抵抗住诱惑和骄傲，保持谦虚和低调。一旦有了决心，就能勇于突破不适感，在苦难中绽放美丽的花朵；即使伫立在绝望深渊，也能看到希望之光。

做生意如此，做其他事情也是这样。唯有下定决心，点滴积累，拾级而上，才有可能从陌生进阶到半生不熟，再到熟悉，直至烂熟于心。

34 虚 空

　　虚，就是空，把心虚空出来，空空如也。就像手握沙子，越用力沙子流失得越快；反之，保持虚空状态，似握非握、适度用力，才能握得住沙子。

　　一个人的幸福往往通过"虚空"来实现。从某种程度上说，幸福是一种虚空的状态，也许有车有房、有钱有权并不见得能让人幸福，无病无灾、无忧无虑才是真的幸福。

　　往前冲是本能，往后退是一种智慧。虚就是退后，退后留出来的距离和空间，就能容得下事和人，尤其是容得了人。

　　教育者的首要美德应该是虚空。教育者的虚空就是不自满，要弯下腰来向孩子学习，遇到问题和困难时不妨请教孩子，答案都在孩子的回答里，这是虚空的抓手。不会做"学生"的老师，就做不好学生的老师，虚空的着力点就是向孩子学习。

　　在学生面前，为师者当放下架子，放得比低处更低；当缩小自我，小到比尘埃还要小。老师的虚空，是激发学生主动学习的良方。

35 示 弱

示弱，即展现自己的不足或弱小。其实，有时候示弱并不代表真的弱，只有底牌很足、内心很强大的人才敢于在弱者前示弱。

真正强者的示弱，就像那成熟的稻谷，只有成熟了的稻谷的稻穗才是低垂向下的。在教育上，要经常想象自己只有一只手，请孩子来帮忙，孩子就会成为老师的另外一只手；孩子一帮忙，他的自主性就被激发出来了。唤醒和激发人的自主性，才是教育的真正目的。

魏书生老师曾说："傻妈养聪明孩子，懒妈养勤快孩子。"这里的"傻"和"懒"，是示弱的另一种呈现，是给孩子的聪明留出空间，让孩子的勤奋有施展的空间。

36 柔 软

"柔",意味着生机。老子说:"人之生也柔弱,其死也筋韧坚强。万物草木之生也柔脆,其死也枯槁。故曰,坚强者,死之徒也,柔弱,生之徒也。"前两句的意思是说,人活着时是柔软的,死了才变得硬邦邦;草木活着时很柔软,死了才变得干枯。

教育中面临的一些问题,也是从教育者贫瘠、坚硬的心地中生长出来的。修一份柔软的心地,慈悲、宽厚,再种上好种子,那么种什么就会长什么,这时再回过头去看,所谓的"问题"已然消失。因此,想让孩子的心乐于依靠,那么教育者的内心应变得柔软。

柔软不是柔弱,不是放纵对方的霸道无礼。柔软也不是软弱,而是软化,是心怀慈悲,是对他人、对自然万物怀有恭敬之心,是以文化之,化于无形。但是,柔软有时需退让自己的标准,以退让自己标准为代价的尊重,对孩子托举的力量最大。

柔软,比狂风暴雨更有力量。面容柔软了,心门自然悄然打开;身体柔软了,才能对他人温柔以待;声音柔软了,方能化解层层的心结;目光柔软了,才能点亮尘封的心灯。

教育者的柔软,在于以悲悯之心感受每个生命的温度,激活每颗心蕴藏的能量,随时随缘随性,春风化雨,润物无声。

37 柔 和

目前,教育者最忌的问题之一就是心凉。当一个人的心凉了,他所有感知外界的窗户都会关上,再好的知识、再好的思想、再好的文化都滋养不了他。如果教育者的内心活成了一块冰,那么谁接触他都似接触南极坚冰,这将是非常可怕的。

内心柔和,才能温暖人的心灵。教育者柔和与否,决定了他内心的能量能否传入到孩子的内心,决定了他的内心能否和孩子同频。拥有柔和内心的人,看见可悲可痛的事情会流眼泪,而这一点对心肠太硬太冷的人来说是很难的。很多时候孩子痛得一塌糊涂,教育者却麻木不仁,因为他天生就拥有的悲悯和仁慈被自己的局限遮蔽了。

所以,教育者尤其需要修一副柔和的心肠,把那些世俗和偏见的东西擦拭掉,恢复内心的光明和希望。教育者只有将自己修好了、活好了,才有能力爱别人。否则,内心住着一个"祥林嫂",那么所呈现出来的生命状态一定是面目可憎的。

教育者的柔和是能温暖人心的,就像一团火、一束光。因此,教育者根本上还是要修柔和的内心,这是教育最重要的着力点。

38 学　生

长期以来，我们将学习变成了别人的事情。不是吗？从一进学校开始，就是爸爸妈妈要我学、老师要我学；从一踏入社会开始，就是老板要我学、领导要我学。很多时候，如果将学习的主体搞错了，就会陷入被动学习的泥潭。

学习必定是自己的事情。不坚持学习的人是很可悲的，他的庸俗写在脸上，他的空虚写在脸上。不学习，文化生活就会缺失，精神就会因"贫血"而停止生长，心中就会杂草丛生。学习是人一生中的一个必需项，每天坚持自我更新，我们才能有所成长。

我就是学习的主人！我们一辈子都要学习，一辈子都要做学生。所谓学生，就是学会生存技能，活下来；学好生活本领，活得好；学懂生命的意义，活得精彩。

39 朋 友

"一个好汉三个帮,一个篱笆三个桩。"人的成长是需要朋友的,而最珍贵的友谊,可以弥补一个人心性的不足,帮助他内在生命获得成长。真正的朋友是益友也是良师,是人生路上最宝贵的财富。

1914—1918 年,毛泽东在湖南第一师范学校读书,彼时他发出了这样的征友启事:

二十八画生者,长沙布衣学子也。但有能耐艰苦劳顿,不惜己身而为国家者,修远求索,上下而欲觅同道者,皆吾之所求也。故曰:愿嘤鸣以求友,敢步将伯之呼。

敬启者二十八画生

启事言辞恳切,似鸟儿呼朋唤友,请求志同道合的朋友进行联系,想结交能刻苦耐劳、意志坚定、随时准备为国捐躯的青年。

"人生得一知己足矣。"鲁迅如是感慨。真正的朋友,亦友亦师,并非经常需要对方,而是能够互相欣赏。交友宜追求这样的境界:相见亦无事,不来忽忆君。

40 明 师

什么是名师？一般来说，能上好课、带好班，能做研究、出论文，有教学主张、有教研成果，在一定区域范围内有示范影响力，这才称得上名师。

但这还不够，名师还需要成为"明"师。"明"，就是做个明白人，明白事理，明白教育是要做什么、为什么这样做、怎么做。孔子这样的大教育家尚且"四十而不惑"，到了40岁才算真正明白了人生之道，可见要做个明白人并不容易。有的道理听说了，并不一定真的明白；只有亲身实践、付诸行动，并在实践体验中领悟出来，才算真正明白了。否则，最多只能算是道听途说。

真正的明师，内心明了敞亮，始终知道自己是谁，要去哪里，怎么去；真正的明师，一定是内心有光的人。当孩子做事犹豫、缺乏激情或消极懈怠时，需要我们内心敞亮，适时地推他一把。但残酷的现实是，有些教育者心里的光往往灭得比孩子还要快，又如何能在孩子需要时为他注入能量呢？

教育者要立志成为一个有光的明师，既是对自己生命的交代，也是在照亮和唤醒他人。

41 大　师

2021年4月19日，习近平总书记在考察清华大学时强调："教师要成为大先生，做学生为学、为事、为人的示范，促进学生成长为全面发展的人。"那么，想成为人们心目中的大先生、大师，应该具备什么样的素质呢？

从"大"字来看，其笔画是一横一撇一捺。首先是"一横"，犹似拥有担道义之铁肩，拥有大担当，如范仲淹所说"先天下之忧而忧，后天下之乐而乐"。有了大担当就会有大格局，就能跳出"坐井观天"式的局限，可以登高望远，感受海阔天空；有了大格局就会有大胸襟，如弥勒佛一样"大肚能容天下难容之事"，能容人、容事、容委屈、容牢骚。

其次是"一撇"，可理解为"野蛮其体魄"，即拥有强健的体力，经得起折腾。

再次是"一捺"，可理解为"文明其精神"，即拥有强大的心力，能温暖人心，如一盏明灯照亮他人。一切的力量，本质上皆是心力。心力足，才能握住思想之利剑，穿越世俗之烦忧。应如何维护强大的心力呢？笔者以为，是回归经典、回归文化、知行合一，让先辈圣贤之光充分滋养我们的内心。

这样一个拥有大担当且体力、心力俱佳的人，方可称得上是大先生。

42 日 新

汤之盘铭曰:"苟日新,日日新,又日新。"那么,应怎样做到日新呢?笔者认为向上走和向前走。

向上走,就是要不断提升自己内心的高度。"居高声自远",心在高处,所见皆为通途与开阔;心若在低处,则所见皆为障碍与芜杂。

向前走,就是不走捷径,不贪巧求速,日日不断之功积累到了一定程度,就会从量变转向质变,出现新的自由度与可能性——如果还没有出现,那一定是积累得还不充分。

向上走,向前走,都很难,都需要吃苦、刻苦以及严格的自律做支撑。

43 上　坡

　　人生路上的坡道，爬起来挥汗如雨，气喘如牛，看似是在消耗能量，实则是在积蓄力量。因此，无论再怎么艰难，也一定要爬上去。

　　上坡过程中，可能会在某个时刻深陷于一场大雪之中，但不应永远困于其中。即使被包围在旷日持久的大雪中，也不要忘了欣赏触手可及的美景。

　　彩虹有时会被狂风暴雨遮挡，这时，可点亮一盏心灯，让光明透进暴风雨中，编织属于自己的彩虹。

　　人生所有的艰难不过只是登顶所必经的上坡路而已。如果你停止了攀登，此时你的脚下就是谷底；如果你继续坚持攀登，就是在走上坡之路，终有登顶之时。

44 较 量

近日，我有幸与《夏令营中的较量》（1993年出版）一书的作者、著名教育家孙云晓老师聊天，我请教他：30年后中日学生如再较量，赢的胜算大吗？

孙老师面色凝重地说："够呛！中国孩子无论是从体能还是意志力的维度来看，想全面获胜还真的不好说。从教育现状来看，我们的孩子体育锻炼时间不够，应试之风仍然盛行，生活体验、实践活动远远不够，因而我心里没底。但日本的孩子无论在体能还是在意志力方面，都得到了很好的锻炼和磨砺，这是日本国民教育多年坚持且重视的教育重点。"孙云晓老师的回答引人深思，也许这是一个老教育工作者对现实的清醒认识。

要实现中华民族的伟大复兴，一定是需要每一个人一起付出努力。既然我们已经清醒地了解了现实，那就要铭记历史、知耻后勇，要牢记民族复兴、国家强大，人人有责。无论是儿童、青少年，还是中老年人，当自我砥砺，奋发图强。如此，未来中日之间或中国与其他国家之间真正的较量才能可期可待。

45 为 公

有人说，当下的教育培养的大多是精致的利己主义者，真正为公的利他者少之又少。事实真是如此吗？

近日，我拜读了施一公的首部作品《自我突围》，深深地为施一公院士如其名的"一心为公"的精神所感动。

从河南小郭庄的淘气少年到清华大学的保送生，再到成为赴美国留学深造的留学生，施一公青少年时期的成长经历十分鼓舞人。2008年，正处于事业上升期的施一公毅然放弃了普林斯顿大学的终身教职，全职回母校清华大学发展生命科学。2018年，他辞去了清华大学副校长的职务，全力创办了一所小而精、对标世界一流的研究型大学——西湖大学。

在施一公五十多年的人生历程中，他多次做出了让大部分人难以理解的抉择。是什么促使他一次又一次地突破自我，走向实现人生理想的路径？

我想，是他最崇拜的父亲给他取的"一公"这个名字所含的深意——一心为公。这个名字在他一生中的许多重要关头潜移默化地影响着他的选择。

为公者，不仅让自己有饭吃，还想要让更多的人有饭吃。如果一个人愿意为了更多的人而担当，那么他的人生动力就会愈发强大，做什么事都能做到极致。因为他的心在高处，他的行为会激发出正能量，于是他做事时便能如有神助。

46 无 益

民族英雄林则徐被誉为近代中国社会"开眼看世界第一人",他虎门销烟的事迹和"苟利国家生死以,岂因祸福避趋之"的名句更是家喻户晓。

殊不知,除此之外,林则徐的家训"十无益"更是具有深刻的现实教育意义,仍可作为当代人为人处事的准则,值得践行。"十无益"的内容有:

存心不善,风水无益;不孝父母,奉神无益;兄弟不和,交友无益;行止不端,读书无益;做事乖张,聪明无益;心高气傲,博学无益;时运不济,妄求无益;妄取人财,布施无益;不惜元气,医药无益;淫恶肆欲,阴骘无益。

我们重温林则徐的"十无益"家训时,仍然会为他非凡的人格魅力和崇高的精神境界所感动。不妨将其转化为内在的精神动力,勉励自己前行吧!

47 吃 苦

　　范仲淹小时候过得很苦,他两岁时父亲去世,母亲改嫁朱姓人家,他也改姓为"朱"。后来,他知道自己的家世后,非常伤感,他流着泪辞别母亲说,总有一天他要把姓改回来,光宗耀祖。没有了家庭的接济,范仲淹的生活过得更艰苦了。寄宿在寺庙里读书时,他用小米熬粥,等粥隔夜凝固后用刀切成四块,早晚各吃两块,最多再配点腌菜,他就这样坚持了三年。这也是成语"断齑画粥"的由来。

　　成年后,范仲淹到应天书院刻苦攻读,冬天读书读困了就用冷水浇脸,没东西吃就喝点稀粥,一般人都忍受不了这样的困苦生活,但他却连一个苦字都不说。尚在十六岁时,范仲淹便立下了志向:不为良相,便为良医。

　　范仲淹最终成为了一代名相。他的成就不仅源于能吃苦,更多的是他能在吃苦中挺直,在吃苦中精进。

48 隐 德

隐德，是天地宇宙间非常宝贵的财富。隐德，是给予人，但不为人所知；是为了人，但不为人所明。隐德是做好事不留名，是成就别人却无所求。

人生最有意义的事情是积隐德，不求回报，不带企图心，不存功利心。譬如，大海不争，反而有江河湖溪的汇入；人若不求，反而得心安理得、心平气和。

积金以遗子孙，子孙未必守；积书以遗子孙，子孙未必读。立荣名不如积隐德于日常用行之中，明德以传家，厚德以载物。

施予小猫小狗一碗食，给予流浪的人一点补给，向对方展现温暖的笑容，在工作中尽心帮助他人……做了这些之后，不求别人回报，不到处炫耀，这就是积隐德。长此以往，隐德便能汇聚起正能量，利己又利人。

第四篇 向下扎根

向下　扎根　根系　系统　竹子　卷柏　野草　浮萍　稻草　知了
本土　大道　深流　苦难　养苦　煎熬　熔炉　忍耐　耐烦　忍辱
枯燥　慈忍　运气　专注　笨功　积累　积淀　沉潜　含蓄　热爱
痴迷　聚焦　突破　问题　归位　明德　知史　洗涤　深情　情绪
缓冲　诚实　真诚　细节　精神　有光　无我　不争　完美

第四篇篇首页图作
图名：《龙井涤砚图》
绘者：齐白石

1 向 下

毛泽东在《农村调查》的序言中提到:"没有眼睛向下的兴趣和决心,是一辈子也不会真正懂得中国的事情的。"眼睛向下,深入开展调查研究,是毛主席一辈子坚持的工作方法和重要经验。

眼睛向下,要求保持有满腔的热忱和求知的渴望,放下架子,甘当学生;眼睛向下,要求重心下沉,不急功近利,不心浮气躁,在诱惑面前坚定不动摇,在困难面前不退缩,能沉下心来解决烦心事揪心事;眼睛向下,要求脚步下移,一步一个脚印地把好事办好、把难事办妥、把小事办精、把大事办成。

小时候,父亲常告诫我不要做"浮头鱼"。所谓"浮头鱼",就是指浮在水面、不愿沉下去的鱼,虽然浮头鱼常有"嗟来之食",但常会轻易被捕鱼者捞走。

虽然沉下去要承受更大的麻烦和痛苦,但教育者的使命依然要求我们要眼睛向下、重心下沉、脚踏实地。

2 扎 根

在四川境内,生长着一种堪称奇特的毛竹,它的生长过程可谓自然界的一大奇观。这种竹子在种植期的前几年中长得非常缓慢,积累到了第五六年时,竟可以每天1米多的速度向上急窜,大约可长到30米高,成为竹林中的身高冠军。原来,它在前几年并不是没有生长,而是在努力地向地下扎根。经过前几年的"地下工作",毛竹的根系向周围发展约10平方米,向地下深扎近5米。

无独有偶,在非洲草原上也有一种奇异的尖毛草,号称"草地之王"。在每年的近半年时间里,尖毛草始终保持3厘米左右高,半年后雨季来临时,尖毛草便像被施了魔法一样拔地而起,每天以约50厘米的速度疯狂生长,不到一周时间就可长到一米六七高,有的甚至可高达2米。放眼望去,一排排尖毛草就像一堵堵绿色的高墙,成为非洲草原上一道亮丽的风景。在长达半年的时间里,尖毛草一直在长根,根系不断向周围和地下扩张,最深之处竟可达二十多米。

这两种植物给了人类很大的触动。我们人也一样,要像毛竹和尖毛草一样深深地扎根,要向地下延伸,长出一身真本事,练就一身真本领。因为自己深扎的根,谁都拿不走、夺不去,它会源源不断地汲取养分,给我们带来向上生长的力量。

3 根 系

人生如莲,成功犹如浮在水面上那朵看得见的花,而这朵花是否开放得美丽灿烂,则取决于水下那些看不见的根系。

治人事天,莫若啬。夫唯啬,是谓早服;早服谓之重积德;重积德则无不克;无不克则莫知其极,莫知其极,可以有国;有国之母,可以长久。是谓根深固柢,长生久视之道。

老子这段话意思是,一个人修身养性,最好的方法莫过于爱惜精神和智识而不耗散,将上天早就赋予的德不断地加以累积。德越积越厚,就没有事不能克服。事事都能克服,就无法测度他的极限;力量大到无法测量,就可以治理国家;掌握了治国的根本,就能够使国家长治久安。这就是将根扎深、稳固基础、持久长生的道理。成语"根深蒂固"就是从这里演变而来的,比喻根基坚固,不可动摇。

一个人的成长需要发展根系,要做到根深蒂固。按照老子的说法,最好的方法就是爱惜精神和智识,并厚积德行,以致厚德载物,从而涵养自然生长的根系,养出一身正气。

4 系 统

系统，是关注整体，追求"1+1>2"的效果，即所谓整体大于部分之和。系统中的各个部分都是有机联系的。譬如串珠子，就是找到合适的绳子一以贯之，使各部分之间建立起一种关系，成为一个整体。

中医主张调理，注重对整个生命的状态进行综合调整和梳理，系统提升人的生命质量和生命价值。调理好比是在上游清理垃圾，上游干净了，下游的水才会清。

个人饮食也需要以系统思维来谋划，以保证营养均衡。在日常生活中，要做到食物多样化，以谷类为主，多吃蔬菜、水果和薯类，常吃奶类、豆类或其相关制品，适量吃鱼、禽、蛋，少吃肥肉和荤油，膳食要清淡少盐，尽量戒烟酒，食量与体力活动要平衡，保持适宜体重，食物应干净卫生，等等。

只有每天的生活质量得到保障，我们才能有更好的精神状态保证自我系统的日日更新，才能让人体器官健康长久地运行下去。

5 竹 子

竹子的伟大之处，在于扎根。根，在黑暗的泥土中沉默，然后暗暗地伸展自己。越要向往光明且温暖的高处生长，根就越要伸向黑暗而潮湿的土地深扎，虽然根的成长比在空中摇曳的枝叶的生长要难得多，但它一直在茁壮成长。

人也一样，扎根的过程是艰难的。面对黑暗、孤独、痛苦、无奈，我们要葆有一份接纳和忍耐，这个接纳和忍耐的过程就是生长出根的过程。这里的根，是指深深扎根于中华优秀传统文化的土壤之中的文化之根。所有的扎根最终都会沉淀为一种高尚的人格和精神。

无根的人，因为精神世界以及情感空间的破败和鄙陋，会显得浮躁飘忽，导致生活状态低迷不振。有根的人，他是站着的，永远都不会倒下，他可以弯曲，但不会折断，哪怕只待在某个不起眼的角落里，他也会熠熠生辉。

6 卷 柏

在南美洲有一种奇特的植物，每当气候干旱、严重缺水时，它就把自己的根从土壤里伸出来，让身体蜷缩成一个圆球状。这时，只要稍有一点儿风，就能把它吹动，一旦"走"到了水分充足的地方，"圆球"就会迅速打开，根须会重新钻到土壤里安居下来。当水分又一次不足时，它会继续随风游走，去寻找充足的水源和适合自己生存的土壤。

难道它不走就生存不了吗？一位植物学家曾做了一个有趣的实验，他用围栏限制这种植物移动，由于有了围栏的阻拦，它多次挣扎都走不出围栏的范围，它被迫扎根生存下来，但是，令人惊讶的是，它的长势比任何一段时期都要好。

这种植物叫作卷柏。卷柏随风而动、随水而生、随遇而安，可以说它的生存能力和适应能力都极强，但它永远也长不大、长不高，因为它不愿扎根，而一旦扎根，它就会有不一样的长势。

人也一样，如不能在某一件事上扎根，不能做到十几年乃至几十年持久地深钻、刨根问底，那么他是很难有所成就的，因为他很容易随波逐流、流于庸俗。

结合卷柏来分析成功，可以看出，想获得成就须有三方面条件：一是天资，它是由先天决定的，我们无力改变；二是机遇，它是不期而来的，我们也无力改变；三是扎根，努力扎根是完全可由我们自己决定的。因此，我们必须在扎根上持续地下狠功夫，才能一步步迈向成功。

第四篇　向下扎根

7　野　草

"野火烧不尽，春风吹又生。"这是对野草旺盛生命力的赞歌。野草从不羡慕树的高大，也不拘泥于活在别人的眼光里，它只专注于自己，不断地扎根和茁壮成长。

无论多么艰难困苦，野草都不会放弃生存的信念，顽强而有韧性。每次被风吹倒，被雨淋趴，野草都可以降低生长点，紧贴着地皮生长，最后在风雨过后还能再次直起腰来。

有时，野草虽被烧掉，却依然能在地下横长，横生出的根茎又可以长出许多芽苞。纵然根茎被撕裂，芽苞也能长出新芽；就算芽苞都被截断，它还会在土壤里藏着种子，静待发芽的机会。待到来年春风吹动，便又生发出一片葱绿，"侵古道、接荒城"，无所不往，势不可阻。

人也应当如此，如果没有根基，面对失败与挫折时便很可能变得不堪一击。唯有扎根于"仁义礼智信"的良知中，方能顽强不屈，在烈火的炙烤中重生。

8 浮 萍

浮萍，一种水生植物，一般生长在湖泊、池塘、水田里，漂浮在水面上，随水流而动。

"浮萍寄清水，随风东西流""浮萍本无根，非水将何依"，没有根的浮萍只能随水而动、顺风而行。

凡是依附于他人他物的人，犹如浮萍一般，心灵四处游荡，不得安所。靠天天不应，靠地地不灵，靠水水会流，靠山山会倒，靠人人会跑，只有自己是最可靠的。

我们做人做事做学问，均应不做浮萍，不找靠山，而是扎根于五千年中华文明这片深厚的沃土，扎根于自身平凡点滴的日常实践，从根上生长出蓬勃向上的力量，做自己生命的主人。

9 稻 草

最后一根稻草可以压死一只骆驼,这说的是量变引起质变的道理。

一根稻草几乎没什么分量,谁也不会把一根稻草放在眼里。可如果把稻草一根根地往骆驼的背上码放,最终总有一根稻草会把骆驼压垮。"蚁穴溃堤"所说的也是同样的道理。

有这样一个故事。一个将军在指挥打仗时,前方突传他的儿子已战死,将军若无其事,照样继续战斗。后来,将军身边的最后一个仆人也战死了,将军一下子崩溃了,当场倒地身亡。原来,儿子战死的消息已让将军痛苦不堪,但职责所在,他硬挺着指挥作战,而直到连身边仆人也战死就成了压垮他生命的最后一根稻草。

冰冻三尺非一日之寒。有的人平常不善待自己,经常熬夜,饮食无常,情绪不稳,在工作和生活的多重压力下严重透支体力和精力,一旦生活中有某件重大的突发事情降临时,身体上如有某个小毛病触发,那么他就有可能一病不起。

这个小毛病虽然扮演了"最后一根稻草"的角色,但实际上这个人是早已病根深扎,内里已然是中空的了。

10 知　了

知了，是蝉的别名，其幼虫蛰伏在黑暗的地底下几年甚至十几年才能破土而出，出土后为了六七十天的生命尽情鸣唱。

知了，出泥土而不染，处不巢居，应候守常，吮清风养一身正气，饮朝露无一念之贪。在诗人虞世南的笔下，知了是"居高声自远"的高洁之士。

知了知了，笔者谑其为"知道了断"。只有当一个人知道了断私心杂念、了断琐事纷扰、了断个人利益时，方能心无旁鹜，物我两忘。我们只有潜心修炼，如甘于潜藏的知了一般，才能在累积之后不鸣则已，一鸣惊人。

11 本 土

当前，全球化进入一个全新的时代，万物互联成为新的时代特点，开启了一个本土时代纪元。本土，顾名思义，即"本身的土壤"，指原来的生长地，可延伸为一个人赖以生存的环境。

一个人想要成长，务必练好内功，需要在其生存环境中生根发展。在本土化生存时代里，一个人的发展需要从"以外促内"转向"以内促外"，在这一过程中需要反复追问三个问题：怎么活下去且活得好？怎么降低风险？怎么面对非议与歧视？要想回答好这些问题，需做好以下修炼。

一是唤醒自我的意识。学会消解成长过程中的烦恼，坦然面对非议和歧视，唤起内心深处对人和对事最深沉的情感。在一个人的人生中，最重要的是对自己和对身边的人更好一些，而对网络世界里"电子邻居"的片面意见大可淡然面对。二是构建开放的网络。我们要摒弃封闭意识，保持开放心态，具备整合能力，学会构建"网中网"，在保持与外界巨型网络连接的同时，构建以自我为中心的小网络。三是激活自身的力量。激发自我潜能，找到自身优势，学会在自己的工作岗位上干出色、干出彩，学会"变形金刚式"的创新。

无论进行哪项修炼，从今往后，你的最大动力不是从外边借，而是从自我内心深处找，发掘出自己最强大的原生力。

12 大　道

在人生旅途中，我们并非一味地执着于某一个方向，而是追随着四面八方的光而前行。前行的路途如同一个多彩的舞台，每一步都是一场意想不到的表演，充满着未知的可能性。正如诗人芒克所言："我们朝前走，朝前不是一个方向，我们的前方是四面八方。"

人生要走大道，那是立志和向上的路标。但是"大道甚夷，而民好径"，走大道的人少，更多的人选择抄近路，走捷径，甚至企图弯道超车。例如，成功只是小概率事件，在成功的征途上还有很多人付出了一生的努力却藉藉无名。因此，在决定做一件事时，应先假设失败，如失败了能坦然接受，则可以放手去做，否则是不宜去尝试的，因为你输不起。这是走大道的智慧，但人们总是抱着侥幸心理而选择了走小路。

大道之行，需要我们像一棵树那样生长，只有向下扎根，才能向上伸展。但扎根不易，因为泥土下面黑暗、潮湿，什么也看不见——也许是沙石，也许是瓦砾，也许是玻璃碎片，扎根的每一寸深度都要付出巨大的代价。但教育的使命需要我们一寸一寸地往下扎，只有深深地、牢牢地扎向地底，汲取到了养分，才能换得树的伟岸和林的茂盛。

13 深 流

深流，即静水流深，是一种令人向往的生命状态，从中可感受到深处的静谧、流动的自在和静中的喜悦。

肤浅之人，总在水面上漂着和叫嚣着，天天喝苦水却不自知，也浑然不知清流在深处。只有往下沉潜，潜到水的底部去，才能品尝到水之甘甜，因为清流在那里。尽管往下深潜需要承受不断增大的压强，但还是要努力地往下潜。

勇于担当者，沉潜下去，一以贯之，到清流处，安神定心；自私自利者，只能浮在水面喝苦水，喝久了、习惯了，竟不自知喝的是苦水了。

在深处，那静静流淌的水，有种看不见的深沉力量，足以跨越任何障碍。教育者之美，如静水流深。

14 苦 难

从个人身体的免疫系统来说，面对病毒、细菌等外来入侵，最可依赖的是自己的自愈能力。与身体机能相类似，人在精神上的自愈能力来自一个人所经历的各种磨难。可以说，经历的磨难越多，就越能提高应对风险的能力。

按照以上逻辑，一定程度上可以说苦难是福。有了这样积极的认知，再想起过去的种种挫折和不幸，对所有的烦恼和悲痛就不会再感到厌恶，相反，你会觉得庆幸：遭遇的苦难越多，意味着你经历了一次又一次的考验，或将变得更加强大。如尼采在《偶像的黄昏》中所说，"那未能杀死我的，使我更为坚强"。

想要克服苦难，意味着要走出舒适区，走进痛苦区，这是一件很难的事。有时难的程度不亚于揪着自己的头发，强迫自己去完成难以办到的事情。在面临来自外部的风险，无法从外在得到帮助和支持时，则只能从自己的内心深处寻找动力。要怎样找到自己的力量源泉呢？如希腊神话中的巨人安泰俄斯一样，只要脚踏土地，就能汲取到源源不断的力量。那么，你的力量源泉在哪里呢？一定在你内心所扎根的那片土壤中。找到它，激活它，重启它，你将能够更好地迎接未知的苦难。

15 养 苦

养苦，即是涵养苦难。人生之路不全是幸福和喜悦，还有苦难和悲伤。如能涵养住苦难，则苦难不苦，喜悦可油然而生，就像河蚌忍受住了沙粒的磨砺而孕育出了美好的珍珠。

苦难让我们开启对自我价值的追求。不经历苦难与磨砺，人是很难开悟的。只有经历过苦难的人，才能理解平平淡淡才是真；只有曾经长期身处黑暗的人，才更渴望光明和温暖。

苦难是对一个人心性的磨砺。我们之所以会感觉难受，是因为我们还不具备化解苦难的能力，不妨将此看作是上天给予我们的有关痛苦的启迪，将我们所经历的每一次苦难都当作是迈向内心高处的台阶。很多时候人的成熟也正是来自己内心所经历的苦难与深度的自我觉醒。

苦难与幸福，是一根藤上的两颗果实，只有先吃掉苦的那一颗，才知道甜是什么滋味。教师面对苦难与挫折，不叫不喊，不言放弃，静静地承受，默默地化解，保持微笑前行，而这时的微笑，对孩子来说就是最好的、无声的教育。

16 煎　熬

煎，把食物放在少量的热油里弄熟；熬，把食物等加水并放在文火上长时间熬煮。人的煎熬，意味着被"焦虑""痛苦"烧着烤着，身心备受折磨。

人之所以有痛苦，根源上是因为自我扭曲了。通常来说，人的心境是可以自我恢复的，如果被扭曲了，说明心灵被某种东西限制了，于是自然会痛苦难受。做个不是特别恰当的类比，犹如空腹或吃撑时的感受一样。而放到精神层面去看，心境扭曲，表面上是被各种没完没了的烦琐事、充满负能量的人所羁绊，实质上却是被自己所建立起的负面认知所困，从根本上来说，还是因为心在低处。倘若将心定在高处，内心里就有了距离和空间，扭曲的东西也就自然会被理顺，内心的喜悦便会油然而生。

人只有经历过煎熬，才能容得下一时得失，容得下委屈和憋屈，也才能看淡不同，包容差异，进而生发智慧和能量。

煎熬是黎明前的黑暗。只要心里有光，守住心里的明灯，再坚持一会，天就亮了。

17 熔　炉

"性相近，习相远。"社会好比一个大熔炉，将一批又一批品性相近的人的灵魂烧炼得迥然不同、品质各异。

挫折是磨炼韧性的熔炉，它可让人一蹶不振，也可使人坚强自信。逆境是锤炼意志的坩埚，它可让人沉沦世俗，也可使人逆袭生长。

孙悟空的火眼金睛，是在太上老君的炼丹炉里用真火炼出来的。而人生的痛苦，犹如一个巨大的净化熔炉，人的精神唯有亲临其中，被熊熊火焰烧烤过、煎熬过，方能去杂质、生正气、长智慧。

18 忍 耐

能忍得下、耐得住,是一个人成熟的标志。忍耐,是自我内心的戒律,是自我的沉潜蓄能,是自我的蓄势待发。

忍耐的过程,无疑是难受痛苦的。很多时候,忍不住是因为内心的空间还不够大。"小不忍则乱大谋",真正的"忍",是关注大谋大局,是不吃眼前亏,是保存实力、积蓄实力、发展实力,是为成就人生打下坚实的基础。

忍耐,也类似湖南人的"霸蛮"精神:吃得苦,霸得蛮,不怕死,耐得烦。曾国藩的《挺经》将这种精神描述到了极致,其关键在于"挺",不仅是"好汉打落牙和血吞"的忍耐,更是主动积极的精进,是在困厄中求出路,在苦斗中挺直腰杆。

忍耐就像一株久种的植物,幼树期很长,但终于到出果期时,果实却很甜美。

19 耐 烦

沈从文曾评价自己，不是天才，只是耐烦。

耐得住寂寞，耐得住冷清，耐得住诱惑，耐得住不从众，坚守得住自己的选择而不被别人的行为所牵制，锲而不舍，不怕费劲，不急不躁。沈从文是位多产作家，但他写东西其实并不快，不到七万字的《边城》，他写了半年多；只不过他常常夜以继日地写、心无旁骛地写、全情投入地写，终成文学大家。

实践告诉我们，耐烦干活，才能把活干好；耐烦做人，才能把人做好。耐烦是定力，更是道心。假如饭未煮熟，一而再再而三地揭锅盖，就一定会煮成夹生饭。

成功哪有什么窍门，唯有踏踏实实，带着韧劲，甘于耐烦，加以沉淀。人群中的卓越者，大多是耐烦人。

20 忍 辱

"忍辱负重",指为了完成艰巨的任务,忍受暂时的屈辱。此成语典出《三国志》,说的是东吴陆逊忍辱负重,等待时机,火烧连营七百里,大败刘备,一战成名。

一个人可以忍受别人的打压、谩骂、侮辱,甚至能忍受胯下之辱,但是往往却很难忍受捧杀。毁掉一个人最好的方法就是捧杀,而"捧杀"可以说是裹着糖衣的"辱"。

捧杀,即是过分夸奖,从而使被吹捧者骄傲、退步甚至堕落。"长吏马肥,观者快之,乘者喜其言,驰驱不已,至于死",此典故出自《风俗通》。鲁迅先生在《花边文学》中写了篇《骂杀与捧杀》的文章,"捧杀"一词因此流行。

倘若一个人意志不坚定,常高估自己,或爱慕虚荣,则很容易被捧杀所蒙蔽,自己飘飘然不知所以,从而掉入捧杀者的陷阱。要知道,无原则的赞美是装饰了鲜花的陷阱,而善意的批评才是防止跌倒的拐杖。

能忍住"捧杀",应该是更高境界的忍辱。

21 枯　燥

过日子就是平平常常，有时候有意思，有时候没意思，不可能每天都充满刺激和乐子。

而没意思的日子里需要忍受住枯燥。无论是弹钢琴、学历史，还是读哲学、写文章，每个来自各行各业取得令人瞩目的成就的专家，每个受到业内外肯定的专业人士的背后，都曾经历常人无法忍受的枯燥。

在泛娱乐化时代成长起来的孩子，他们忍受枯燥的能力被弱化了，对没有笑点、没有兴奋点的内容缺乏耐心，他们中的有些人往往难以越过枯燥的门槛进行深度学习。

说一个人优秀，并不是指他拥有投机取巧的小聪明，而是指他拥有强大的对抗枯燥的忍耐力。人只有忍受得了枯燥，方能攀登知识的高峰。

22 慈 忍

慈忍，即慈悲忍辱，就是不管多苦多痛，依然含着泪水微笑着面对生活。

慈忍之人，不管自身多么痛苦、多么不舒服，面对所有人所有事时依然能泰然自若。这是生命的自觉，是将自己放到高处来要求，让悲悯之情从内心升起，用痛苦来唤醒自己内心的觉悟。只有自己痛过的人，才能更真切地感受别人的痛苦，也才能真正地打通自我内心的通道，跟自己深层次地沟通。

慈忍之人，表面上是谦卑就下，实质上是内心的虚无——知道自己的渺小和无知，就会心无挂碍，对别人零期待。这样的人身上会有一种磁场，有一道光，让别人愿意跟他沟通交流。

而真正的教育和沟通，不单纯是知识、道理和技巧，更多的是对生命和灵魂的唤醒，是相互感动和同频共振，是生命能量的流动。

23 运 气

运气,是客观存在、小概率发生的现象,它看似没有规律,实则有节奏可循:运气是要"运"的,莫空等天上掉馅饼。

运是潮流、大势、机缘,运对每个人来说都是公平的,谁都有可能碰上好运,也有可能碰上霉运。好运来了,顺运而为,乘势而上;霉运来了,应接纳和隐忍,化霉为美,化危为机。

运气,其实是个动宾词组,要"运",才得"气",尔后运气才好。犹如鸭子戏水,只看见它在水面悠闲自在的样子,却不易看见它在水下用力划动的双掌——看得见的是运气,看不见的是努力。

如果说走得快靠的是运气,那么走得远走得久一定拼的是底气。因此,一个人要"运"好,则应不断地累积自己的实力,进而拥有底气。

心怀使命,随时准备,适时出击,"运"出自己的实力和底气,才能"运"出好运气。

24 专 注

专注，意味着减去多余动作，将心思压倒性地投入到所做的事情上。

专注是一种美好的心流状态，一个人专注于做事时，会产生一种美感。每当在菜市场看到卖鱼小哥行云流水般杀鱼去鳞时，在商场里耳闻售衣小妹眉飞色舞地讲解衣服的不同款式搭配时，在闹市中目睹神色威严的交警从容不迫地指挥和疏导交通时……我的内心总会产生由衷的敬佩和赞叹。

在上海一家超市工作的四十多岁的清管员浦赛红，因为专注于灭除"四害"，总结了苍蝇、蚊子、蟑螂、老鼠的活动规律，尝试了五十多种工具，灭除经验丰富，被上海大学管理学院聘为校外导师。谁也没想到，这样一份普通的工作也能做到这么精细、这么美。

专注不仅是一种美，更是一种向上的态度，是一个人成长和成功的基石。专注是我们每个人内心的归宿。专注于仁，就放大了仁；专注于义，就放大了义；专注于礼，就放大了礼；专注于智，就放大了智。这样，仁义礼智的品德就会为你所主，你就可以随心所欲而不逾矩了。

25 笨 功

教育没有捷径,不能投机取巧,须下笨功夫。所谓笨功夫,就是同样一件事,别人做一次,你做一百次,别人做十次,你做一千次,其内核是"认真",把每一步做到极致。

要想提高教育质量,就必须研究课程标准和教材,研究每一个知识点,了解学科知识体系;必须提升老师的专业素养,引导老师聚焦课堂、扎根课堂,"先学后教、当堂训练";必须研究学生,以课程视野关注学生的生命成长,了解分数背后学生的学习兴趣、学习目标、学习方法、学习习惯,关键还要关注和激发学生内在的学习动力和持续的学习热情;必须研究家长,发挥学校的主导作用,引导家长形成好家风,关注孩子学习成绩之外的身体、心理、品德、人格、精神,形成教育合力。

教育需要诚意,只有校长真心诚意地下笨功夫,真心诚意地为老师发展服务,老师才能真心诚意地为学生的发展服务,共同培育起未来的参天林木。

26 积　累

千里之行始于足下，九层之台始于垒土。不可小觑积累的力量，不可忽视点滴的积累，一切都是积累之下时间的馈赠。

近日我喉咙发炎，偶有咳嗽。此小病看似偶然发作，但也是近期压力交织、疏于锻炼的结果。小病如此，大病更是这样。有新闻说某高校大学生，长期吃火锅喝饮料，平时很少喝水，竟然"吃"出了癌症，让人叹惜。

因此，每个人宜提高自身感知力，一旦身体哪里出了问题，发出了警报，就应及时调适。在这方面，作家村上春树堪为楷模。他30岁开始坚持每天长跑10千米，每天写至少4000字的文章，从不吃油腻多盐的食物，每天早睡早起。这种自律的坚持和长久的积累可谓苛刻，但他坚持了下来，且保持着充沛的精力去从事他喜欢的事业。

佛家讲因果轮回，善有善报。不妨将真和善坚持积累下去，而后静待蝶变和花开。

27 积　淀

积淀即积累沉淀，是对积累的概括和提炼。

君子上达。君子志有定向，每天都思考如何进步，而进步来自于积淀。每日有积累有进步且能保持，不断小结、反思、沉淀，保持螺旋上升的态势，若干年后就会发现，即使是同起点出发，勤于积淀的人早已远超他人。

小人下达。小人没有志向，天天混日子，只被物欲或所谓的"机会"牵引，今天觉得这有利可图，明天觉得那有好处，投机钻营，心无定向。如此，心气日益消磨，"朽木不可雕也"。

其实，无论君子还是小人，无论成功还是失败，都来自积淀。最惊人的堕落，一定是累积后导致的堕落；最成功的智者，一定是坚持积淀后获得的蝶变。

28 沉　潜

　　沉潜，是沉下去、潜下来，是耐住寂寞往下走、往深走。
　　南极，极寒之地，企鹅在此上岸前，总是会先找准方向，然后扎入海中拼命沉潜，一直潜到最适合的深度，再迅猛向上跃出海面，划出一道优美的弧线后降落到地面。
　　企鹅的沉潜是为了蓄势，看似笨拙，却富有成效。清代学者金兰生有言："把意念沉潜得下，何理不可得；把意志奋发得起，何事不可为。"一语道破了沉潜的天机。
　　沉潜不是沉沦，而是蓄势待发。蓄势以自强，而后厚积薄发，一飞冲天。

29 含　蓄

　　含蓄，即藏于内而不显于外，指含而不露，耐人寻味。

　　含蓄，需要我们无论说话还是做人，都要更细腻些、更慢些，才能更稳健。诗人木心在《从前慢》中，用白描的手法细腻地描绘了冒着热气的小店，传递爱意的车马、邮件、书信，精美的锁和钥匙等从前的事物，虽看起来老且慢，与当下灯红酒绿的快节奏生活迥异，但那些慢条斯理中透出的丰满的生活质感，令人神往。

　　现代生活中常常一味追求效率，践行"时间就是金钱，效率就是生命"，放弃了那些含蓄的所有，只是浅浅地、快快地、忙忙碌碌地、马不停蹄地追逐，费尽心机地包装，而这样导致的结果往往都仅是外显的、光鲜亮丽的，而未能抵达真实和本质。

　　含蓄，就如那秋日的天空，澄澈、深邃、高远；也像一个沉稳内敛的中年人，沉着平静，淡定从容，有着一份内在的丰足和成熟。

30 热 爱

"我不是为了参加奥运会而滑雪,也不是为了上斯坦福而学习",北京冬奥会上,获得两块金牌的谷爱凌如是说,"有热爱,你在练习时就不会感到累"。是啊,要做好一件事,不是靠一味地奋斗,也不是靠谋划如何在竞争中脱颖而出,而是首先去热爱。

人们常说:"不忘初心。"初心即赤子之心,如刚出生的婴儿之心一般,纯净质朴,充满好奇,生命力旺盛,关键是拥有了热爱生活的本能。因此,回归初心,就是抛开一切世俗功利、私心杂念,回归对人的热忱之心,生发对事物的热爱之情。

唯有热爱,方能坚守。每个正经历着挫折和风雨的普通人,只要坚持下来,都会成为真正的英雄。北漂育儿嫂范雨素之所以成为令人敬服的生命强者,除了因为她那朴素的职业以及坎坷的经历外,更多的还是因为她对阅读和写作的热爱与坚守。

只要热爱生命,一切成功都在意料之中。

31 痴　迷

近读《聊斋志异》中的文章《阿宝》，收获颇多。主人公是粤西名士孙子楚，性迂讷，被称为"孙痴"。他凭借着朴诚和专注，意外地迎娶了大富人家的绝色闺女阿宝，获得了常人难以企及的幸福。蒲松龄评价："性痴则其志凝，故书痴者文必工，艺痴者技必良。"

这世上不乏痴迷的人，黛玉痴于花，李白迷于酒，陆羽痴于茶，白石迷于丹青……痴迷意味着专注与持久。"知之者不如好之者，好之者不如乐之者"，从没有兴趣到有兴趣，再到热爱、酷爱，乃至痴迷，是真正的"乐之者"。痴迷既是深入学习的阶梯，也是工匠精神的体现。

当今的时代，有人喜远足，有人爱爬山，有人好旅游，有人乐独处……每个人都以自己独有的痴迷方式热爱生活，持续学习，完善自我。

32 聚 焦

《聚焦法则》一书针对若干著名大公司进行研究，从产品、营销、财务、运作、前景等企业经营的多个角度，反复论证了"准确定位、集中经营"的聚焦法则。就像手中的放大镜，可以将发散的阳光聚焦成威力无比的光束。企业发展也需要集中精力、资金和时间，走专业化发展道路。

人的发展更是如此。生命有限，而学海无涯，假如以有限的生命投入到漫漫无边的学海中，必定一生平庸。唯有在该聚焦的地方毫不放松，在不该聚焦的地方权当调剂与消遣；唯有进行压倒性投入，把大量的时间投入到当务之急上才能有的放矢，妥善处理；唯有抓住一个问题几年甚至数十年不放，刨根问底以至通达，从而形成知识体系，才能探得究竟。

成功，来自聚焦与压倒性投入。

33 突　破

管理学中有个"一万小时定律",意思是说每天研究某个问题 8 小时、每周研究 5 天,按这样的节奏持续探究至少 5 年,就可以将某个问题深究明白,或成为某个领域的顶级专家。实际上,现实生活中每天能够专注于某个问题达 8 小时的理想时间的机会非常少,随时可能会被各种生活琐事所干扰。因此,十年磨一剑的说法可能更贴近现实。

但凡有成就的人,除了需要在精神上拥有一定的高度和深度,还需要用"十年磨一剑"的坚忍所换来的突破。从 1964 年到 1973 年,袁隆平首次育成三系杂交水稻,将水稻产量从每亩 300 千克提高到 500 千克以上,被西方媒体称为"东方魔稻"。袁隆平的突破源于持续的挚爱和执着:10 年间,他带领研究小组转战湘滇,奔走琼桂,数次过家门而不入,住在茅屋里,睡在用竹竿、稻草、椰枝搭成的地铺上。在水稻扬花的时节,袁隆平带上一壶水、两个馒头当午饭,像"侦察员"一样守在田间仔细观察……

这个 10 年正处于"文化大革命"期间,可以说袁隆平是在最艰难的日子里,完成了中华人民共和国成立以来最重大的技术发明。突破,还取决于洞察难题的敏锐,还需要有强大的信心和"敢为"的决心。敢为,即要谋求突破,袁隆平就是敢为的践行者。

突破,就是敢为。世界为敢为者让路。

34　问　题

　　读完印度哲学家克里希那穆提的著作《一生的学习》，结合近期正火的电视剧《小舍得》，想起"鸡娃教育""教育内卷""家长焦虑"等热词，我感受到了沉重的压力，不由反思，教育真正的问题出在哪里？

　　克里希那穆提认为："教育的目的，并非制造学者、专家、寻找工作的人，而是培养完整的男男女女。"何谓完整的教育？完整的教育应是使受教育者德智体美劳诸方面全面发展。正确的教育，在于了解儿童的内心世界，所依赖的是对孩子的爱。

　　就家庭教育而言，许多父母都把精力聚焦于自身，而把使孩子感到幸福的责任推给了学校和教师。家长的成长跟不上孩子成长的速度，教育子女的知识储备不足，遇到事情时一着急就忽视自身的问题，仅将解决问题的诉求指向孩子或老师，只谋求速成以安己心。但真的能获得踏实的心安吗？最终越想速成越是心难安，于是就陷入了无法自拔的恶性循环之中。

　　就学校教育而言，如果我们不了解孩子，不了解教师与孩子之间的关系，仅仅只是将知识填塞进孩子心中，使他能够通过种种考试，那么又怎能唤醒孩子的智慧呢？如果教育者自己内心混乱、歪曲不正，陷于自己欲望的迷宫之中，又如何能传授智慧，帮助他人走向光明的生活之道呢？

　　所以，教育真正的问题是教育者本身，正确的教育来源我们对自身的改造。如果内心没有改变，内在没有经由自我觉悟的改造，那么教育的焦虑将永远无法止息。

35 归 位

皇甫军伟老师在《归位：化解家长的教育焦虑》一书中认为，家庭教育的实质是父母的自我教育和自我成长。目前，很多家长在教育中存在着错位的现象，具体表现为两方面：一是缺乏包容心、感恩心、慈悲心、敬畏心；二是有教无育、有知无行、有理无情、有求无修。

家庭教育须归位，须归到"生命与灵魂"的位，我们要做内心有光的家长。

首先，家长的内心一定要是有光的，要让孩子生活在父母内心喜悦之光所形成的家庭氛围中；家长的心要能清静下来并立于高处，用自己的德和明照亮赶路的孩子。

其次，家长要将养育孩子作为一种生命的担当，要成为孩子内心远行路上的一盏灯。父母要用一生的修行给孩子的生命带来一方适宜的水土，让孩子拥有对苦难、他人之过以及己之不足的涵养。

父母的自我教育，尤其是内心世界和个人修为的再造与完善，是家庭教育的核心。父亲的精神境界和母亲的情怀品格是孩子生命发展的根基，父亲清晰的精神境界为孩子筑起一所心灵的大学，母亲的至善情怀则是孩子内心中的一所殿堂。

36 明　德

"大学之道，在明明德，在亲民，在止于至善。"《大学》中开篇讲"明明德"，"明德"是一个人赖以立身处世的根基，只有把"德"立起来，作为内在精神的"承重墙"，支撑起了一个空间，人住在这个空间里才是安心的。

《北京晨报》曾有这样一则报道，一公共汽车司机在行车途中突发心脏病，猝死前他用尽最后一丝力气踩住了刹车，保住了车上二十多位乘客的安全。他在生命最后时刻的举动，说明他心里时刻挂念着乘客的安危。他虽是一个普通人，却用生命的余光彰显了高尚的职业道德，成为照亮他人生命的明灯。

北京同仁堂历经三百多年兴盛不衰，其秘密就在于对道德底线的坚守，就在于对两个"必不敢"的坚持："炮制虽繁，必不敢省人工；品味虽贵，必不敢减物力。"

无论是企业还是个人，"明德"显得尤为重要。明什么德呢？《说苑》中记载，颜回将西游，问孔子"何以为身"，孔子回答"恭敬忠信可以为身"。

"恭则免于众"保持谦恭，就不会得罪人；若高调傲慢，难保有人嫉妒、有人贬损。

"敬则人爱之"你对别人尊敬，别人就回敬你，人与人之间需要互相尊重才能走得长远。

"忠则人与之"心中始终装着别人，对别人尽心竭力，那么谁都愿意把事情托付给你。

"信则人恃之"做人讲诚信，承诺的事都能办到，别人就会信任你、倚靠你。

其实，对于恭、敬、忠、信的含义谁都能懂，谁都知道要遵守，但区别在于其行为所体现出来的纯度。只有把当中的每个字都用自己的言行举止一一实践出来，达到百分之百的纯度，才是真正做到了"明德"，才能"明德不危"。

"大学之道，在明明德"，这是一种启迪人心的温暖的力量。一个人如果能学会审视自我，不断地朝着光明前进，做到恭、敬、忠、信，那么，这样的修身过程就是君子所为，就是大学之道，就是明明德。

37　知　史

知史以明鉴，查古以至今。历史不能忘记，历史就是一面镜子，是一笔宝贵的精神财富。

看完反映抗美援朝战争的电影《长津湖》，我的心中久久不能平静。我们今天能够共享幸福时光，可以说是无数志愿军战士在零下 30 摄氏度的恶劣环境下用生命捍卫信仰换来的。

电影中"雷公"牺牲时，七连指导员梅生对连长伍千里说："我们把该打的仗都打了，我们的后代就不用再打了。"这番话听得人瞬间热泪盈眶，我们何其有幸，生于华夏盛世，不经战乱，不缺衣食，安居乐业！

给我印象最深的是那铁血冰雕连，他们虽已被冻成了冰雕，却始终保持着全神贯注和随时准备战斗的姿势，这是一群何等刚强坚毅的钢铁战士啊！极度严寒、缺衣少食、装备落后……战争远比我们想象的要艰苦残酷得多，而影像只是呈现了其中极其小的一部分。

中国人民志愿军凭着坚强的意志和巨大的伤亡代价打垮了美帝的野心，也挺直了一百多年来中华民族弯下去的脊梁。向中国人民志愿军先烈致敬！

"打得一拳开，免得百拳来。"当年毛主席简短但充满力量的一句话，在新时代里仍是至理名言。

38 洗　涤

教育面对的是人的生命和灵魂,教育者的情感和心灵都需要经过洗涤,让内心纯净、高贵、有光,才能教育他人。洗涤自我就要去除陋习,但怎样才能洗涤自己?

一是要从心肠冷硬走向柔软柔和。心肠太硬的人是难以做好教育的,教育是在柔软柔和中寻找希望的事业,它需要爱和宽容。

二是要从摁着牛头吃草走向放手让牛吃草。经济学家马寅初曾说,"教育孩子一定要根据他们的年龄特点、个人的性格爱好,朝一个有益的方向去引导,不能将自己的想当然强加到孩子们的头上"。因此,教育首先要遵循规律,激扬人的主动性,让孩子积极、主动地参与到教育教学过程中来,引导孩子积累小成功,从而走向大成功,在孩子的内心深处下功夫,提高他们的悟性,塑造全面发展的新人。

三是要从职业倦怠走向诲人不倦。唯有教师乐教,才能带动孩子乐学,教师首先要做个不倦的研究者。坚持学习更新,要有基于孩子生命发展的课程视野,既要熟悉课程标准和年段的教材内容,还要熟悉学科的教材体系,形成这个学科的动态知识库;既要着眼于教材,突破教材,连接生活,又要激发孩子内在的潜能,激活孩子的生活经验。这样暗暗下功夫,以日日不断之功,才能滋生出一种对教书育人事业乐此不疲的精神状态。

39 深 情

有些东西看不见也摸不着,却左右了人的一生,比如深情。袁隆平之所以有"杂交水稻之父"的美誉,是因为他对杂交水稻一往情深,如痴如醉,最终赢得了全世界的赞美。

袁隆平曾调侃自己:"搞三系杂交水稻,主要是顶着太阳到田间寻找不育材料;搞二系杂交稻和超级稻,主要是要掌握不育材料在温度中的变化,特别是在阴雨低温中的变化。结果,搞三系时老是晒太阳,可谓火热;搞两系和超级稻时则老是淋雨,可谓水深。搞杂交水稻的人,不经过水深火热是难出成果的。"而"刚果布"这个雅号看似是对袁隆平形象的描述,其实道出了他对科学事业执着的追求和异常艰辛的历程。

袁隆平愿意成为一粒改变世界的种子。他一生致力于培育丰产的杂交稻种子,播撒在神州大地,在春暖花开的时节成长,在夏日散发稻花的芬芳,在秋季里染黄万里田畴,获取一年比一年高的产量。他用一粒种子为人类铺垫了安稳的基石。

袁隆平曾说,"人的身上最值钱的,是装在脑袋里的知识和一颗责任心"。袁隆平一辈子对"一粒种子"始终不渝的深情,蕴含着他对祖国的大爱、对这片田园的眷爱和对人民的热爱。深情凝大爱,大德铸大成,大爱永无疆。

40 情　绪

情绪，是因智慧不够而产生的衍生物。拿破仑曾说，能控制好自己情绪的人，比能拿下一座城池的将军更伟大。

中医刘力红教授曾说，情绪可以说是诸毒之首，但它不像砒霜或鹤顶红那样贴有毒药的标签。可以说情绪也是最大的沙漏，多少精气神、多少福和德都会被它漏掉。人们常说，火烧功德林，火即是嗔恨的情绪，无论积攒了多少功德，做了多少好事，都不堪其漏。

把心情写在脸上的人，缺乏调控情绪的能力。而不好的情绪因何而来？是因为心灵的荒芜，让生命如浮萍一样随处游荡，不得安所。一个人一遇挫折苦难，就无法从容应对，只能在情绪上发怒着急，这从根本上说，这个人还是扎根不深，或者说压根就还没真正开始扎根。

那么，应如何化解呢？对未来的预见，是对当下情绪最好的稀释与消解。以内心的清净去面对现实世界的凌乱和芜杂，这样复杂的世界将变得清晰，我们才能走向通达和平和。

41 缓 冲

生活中需要往前冲，也需要及时缓冲，以减缓冲击力，舒缓压力，调整更好的状态。

年轻人尤其需要如此。在准备走出象牙塔，走进这个世俗社会时，需要有一个缓冲区。一是留有足够的空间作为缓冲地带，可增加抗风险的能力；二是倚借缓冲带，能够更稳地站住脚跟，进退会有更多的选择；三是可以让人变得更清醒或更理性，这样人就不会那么冲动冒进，否则很容易跌跟头吃苦头。

现在的年轻人懂得的知识远比古时的同龄人多得多，但从另一方面看，他们在生活上、在时代洪流中的表现往往又是稚嫩而脆弱的，因为"事非经过不知难"，生命的韧性需在磨难中提高。

这时候，尤其需要学会倾听，倾听社会的声音，倾听他人的声音，倾听自我的声音——而非急着作决定，急着前行。

第四篇 向下扎根

42 诚 实

近读《大败局》，读到 20 世纪 90 年代保健品三株口服液的故事。一家年销售额曾高达 80 亿元，累计上缴利税 18 亿元，拥有 15 万员工的庞大帝国，竟被"8 瓶三株喝死一条老汉"的消费纠纷案打败。这个企业为何如此脆弱呢？

《百万富翁的智慧》一书曾对美国 1300 位百万富翁做了调查，了解他们获得成功的原因。调查出来的结论是：诚实被他们摆在了首位。这里所说的诚实，并非指某个人的秉性，而是指向一个企业或团队共同的素质和共同的价值追求，诚实是他们赖以生存的基石。

"三株"的"成功"在于，一个不安分的企业在一个不规范的市场中用了一些不规范的手法，获得了一点不可思议的成功。而其失败恰好也败在了"不诚实"，种种夸大功效、无中生有、诋毁对手的手段频出，虚假和夸大其词的宣传、无所不用其极的营销手段、"有病治病、没病防病、无病保健"等充满江湖气息的字眼，让"三株"在虚假的道路上越走越远。

孟子讲："诚者，天之道也；思诚者，人之道也。""诚"是天道，是自然规律，万物皆因诚而存在，而人道也是体现在"诚"上。有人埋怨说，现在的风气太差了，吃亏的往往都是至诚之人。说出这样的话的人，本就不是至诚之人，没有真正地"诚"过，所以就永远体会不到"诚"的巨大力量。

"诚"是做人做事的种子，这粒种子值得每个人去种活。一旦把"诚"这个字彻底激活出来，则可打动人心，从而让

"诚实"转化为相互之间的敬畏和帮抬。

无论从商、从政还是从教,并非仅靠智慧便可成功,更多靠的是诚实。也只有做人诚实,我们才能把要做的事做到底、做得好。

43 真　诚

何谓真诚？

真诚就是不假。假话一概不说，开口皆真话。过于圆滑和过度包装让人觉得虚伪，说一个谎言，可能后续得用一百个谎言来圆谎。

真诚就是不比。不跟别人比不必要比的东西，例如出身、财富、权位、享受等；但却要跟智者、仁者、勇者比品行上的差距，比知识和才华的广博，比平和豁达、乐观上进的心态。

真诚就是不欺。不自欺，也不欺人。愿在一件事上下笨功夫，别人一次能做好，我一次做不好，便做一百次，做到好为止，不自欺欺人。一篇文章，别人只是能背下来，我背下来后还肯抄写十遍。下足了笨功夫，在基本面上才有可能占领先机。

真诚直抵人心。唯有先感动自己，然后才有可能感动身边的人。

44 细 节

细节决定成败，所谓一叶知秋、见微知著。王澍之所以能获得相当于建筑界诺贝尔奖的普利兹克建筑奖，很大程度上是因为他对细节的把握十分精到。

《造房子》一书中谈到，王澍跟多位工匠建立起了很好的友谊，对材料、技术、做法等都非常熟悉。他曾特意跑到工地上，亲眼看着一颗颗钉子是怎么敲进去的、一块块木头是怎么制作成型的……从而彻底搞清楚了建筑的全过程。中国美术学院象山校区、宁波博物馆等诸多令人流连忘返的建筑，可以说都是王澍在对细节极为了解和熟悉的基础上而诞生的。他说，"工地去多了有个好处，就是对每个角落和细节都了然于胸，一切不是全凭图纸决定，而是凭现场直观的经验来决定。"

精美的建筑离不开对细节的精雕细琢，做人也是如此。能在细节上把控自己，是人的核心能力。《中庸》中谈到，"君子戒慎乎其所不睹，恐惧乎其所不闻，莫见乎隐，莫显乎微，是故君子慎其独也"。意思是说，君子在无人看见的地方也要小心谨慎，在无人听得到的地方也要恐惧敬畏，从最隐蔽、最细微的言行上就能看出一个人的品质。所以，君子要学会慎独。

这里的"隐"和"微"，讲的就是细节，可以反观出人心或明或暗的特征。进业修身就是要在别人注意不到、隐蔽微小的地方下足功夫，在细节上和不经意处积蓄德能。

善于在细节上驾驭住自己的人，一定能找到一个令自己舒服的状态或位置，在一件小事、一件物品、一句话或一个词上做到极致。学生考试也一样，能考得好的，都是善于在细节上驾驭自己的人。

45 精　神

1999年，一颗由中国科学院发现的8117号小行星，经国际小行星命名委员会批准，被命名为"袁隆平星"。袁隆平获此殊荣，与他在培育杂交水稻上所获得的成就密不可分，这既是对他个人成就的充分肯定，也是中华民族的荣光与骄傲。

袁隆平之所以能成为杂交水稻领域建树累累的杰出科学家，是因为有种高尚的精神的力量在支撑着他。这，就是种子的精神。这粒种子，折射出了中华民族勤于创新和自强不息的精神，透射出了虚怀若谷和敢为人先的美德。正如袁隆平所说：

"我是一粒超级稻种子，播撒在神州大地。春日，我破土而出，成长在希望的晨曦；夏季，我承接阳光的沐浴，强壮着绿色的身躯；秋天，我摆动瀑布般的稻穗，鸣响天下丰收的金曲。我是绿色革命的使者，向万里田畴传达丰产的信息；我是东方魔稻，赢得了全世界美好的赞誉。"

就是这粒种子，在五十多年的征程上，让中国土地上爆发了一场"绿色革命"，从突破三系到攻克两系，超级稻从亩产700公斤到突破亩产900公斤，致力把人类带进了温饱世界。《感动中国》评选组委会写给袁隆平的颁奖词如是说：

"他是一位真正的耕耘者。当他还是一个乡村教师的时候,已经具有颠覆世界权威的胆识;当他名满天下的时候,却仍然只是专注于田畴。淡泊名利,一介农夫,播撒智慧,收获富足。他毕生的梦想,就是让所有人远离饥饿。喜看稻菽千重浪,最是风流袁隆平。"

袁隆平一生有两个梦想,一是禾下乘凉梦,水稻长得很高很高,人能在禾下乘凉;二是杂交水稻覆盖全球梦,让增产的粮食至少多养活地球上的四五亿人。这两个梦想,随着种子的茁壮成长而正在逐渐成为现实。

向种子精神致敬,向袁隆平老先生致敬!

46 有 光

我们要做内心有光的父母，用心中之光滋养孩子的内心。

为什么要有光？

首先，人的成长需要我们内心有光。面对孩子的内心，光是最美好的语言。光这种特殊的语言，它无私、无求、无欲，时刻散发着温暖与光明。

其次，越来越多家庭教育家呼吁家长要给孩子如光般的温暖。随着2022年1月1日《中华人民共和国家庭教育促进法》正式实施，"带娃"从传统的"家事"上升为重要的"国事"。该法中明确了家长在教育中的主体责任，明晰了家庭教育的内容，以及亲子陪伴、父母协力、言传身教、尊重差异、平等交流等教育方式。家长是孩子的第一任老师，家庭是人生的第一个课堂，家风是一个家庭的精神内核，每个家庭都应承担起"帮助孩子扣好人生的第一粒扣子，迈好人生的第一个台阶"的重担。

怎样滋养好孩子的内心？

首先，家长要勇于自我革命。通过自我革新提升自身的生命状态，进而以自己鲜活的生命状态唤醒孩子的内在。教育过程中，有些时候孩子的心里会亮起心灯，那时他的心里一片明亮，他充满了热情和朝气，我们只需陪伴和保护好他即可，毋须过多干扰他。当他做一件事犹犹豫豫，缺乏激情或者消极的时候，则需要我们保持内心明亮，点燃孩子的激情。但往往这个时候，很多家长心里的光灭得比孩子的还快。比如一遇到麻烦事时，有些家长的脾气就先上来了，比孩子还急，其实这个时候更需要家长的内心之灯燃亮，以引领孩子前行。

其次，让孩子活在父母的光里。在家庭生活中，父亲与母亲所燃起的光各有暖人之处。父亲的精神之光在于守护家人的希望，当大家都无奈无望时，父亲犹似大家的靠山，从他的眼里透出的全是希望；母亲的内心之光追求明德，表现为拥有稳定平和的情绪。父母要一起努力，携手成为孩子心里的一道光，而不是变成一团迷雾。当家里的每个人都点亮了自己的内心明灯时，眼前必将是一片光明。

47 无 我

我，其实是一个动词，是我自己在营造我，营造一个"无我"和"有我"。

在心态上，"无我"体现为"成功不必在我，而功力必不唐捐"的淡泊心境，"有我"则体现为"我见青山多妩媚，料青山见我应如是"的物人两相宜。在实践中，"无我"表现为甘于奉献的人生追求，"有我"则表现为舍我其谁的个人担当。

一旦误解了"无我"，则易满足于"躺平、摆烂"的得过且过；而过分追求"有我"，则容易陷入"精致利己主义"的利欲熏心。

为师者当效张桂梅，因其有"无我"之境界，方能以"有我"之艰难实践，扎根边疆一线，办学四十年，送考十余载，帮助 1800 多名女孩通过读书改变命运。也因其"无我"，成就了这感人的大德矣！

48 不 争

老子曰:"我有三宝,持而宝之,一曰慈,二曰俭,三曰不敢为天下先。"

"慈",即"无我",才能常怀对他人的关爱之心;"俭",即"节制",节制欲望,收敛情绪,方能心胸广而包容万物;"不敢为天下先",即"不争",大道无为、谦和卑下,于是天下莫能与之争。因为一争,思维和精力都会被竞争者带走,自然就难以集中精力做好自己的事情。

唯有沉下心来将自己变得强大,让别人没法与你相争,这样一旦时机成熟时,方能当仁不让,敢为天下先。

49 完 美

美好的生活并非完美地活着。追求完美是一种境界,然而不完美才是生活的常态。

我们每天都有遗憾,每天都可能犯错。人生中的许多时候就像冬天里一棵枝枯皮糙的树,难看且难堪。但是,只要留得青山在,只要根还在汲取养分,重回春暖花开、枝繁叶茂、盎然生趣的景象,则只是时间问题。

因而,凡事我们都可以少说多干、少想快干,即使没有准备好,也可以边做边调整。只要在做的过程中全情投入、一丝不苟,就能渐入佳境,接近完美或实现完美,甚至会出现意料之外的惊喜。

第五篇 向前修行

修行　为己　歧路　坚持　放弃　孵化　抬举　直面　化解
无怨　活读　目光　眼光　听音　慎言　贵言　好话　风水　养善
爱善　小善　智慧　修心　磨心　心平　磨合　尽心　安心　心力
胆气　炼神　免疫　花园　吃亏　谦卑　舍得　刚柔　境界　老实
有趣　微笑　德势　温和　静气　三见　三识　主气　相对　逆商
节奏　远行　平稳　幸福　慈悲　魔变

第五篇篇首页图作
图名：《秋林纵鸽图》
绘者：齐白石

第五篇　向前修行

1 修　行

　　教育是教育者不断提升内心高度的修行。修，就是改造和完善自己，走出舒适区，以日日不断之功走向仁德和良知；行，就是在行中不断发现自我，实现知行合一。在教育过程中，若还有些状态没有达到，或还有些目标没能实现，说明教育者的修行尚有不足。

　　修行为了什么？一是修己以敬。"敬"是知行合一的精神内核，没有敬，就不会信，更难以身体力行。有了发自内心的敬，才有了学习的基础。二是修己以安人。通过自己的努力，让身边的人感到安心，安心于生活，安心于做事。

　　如何修行？

　　首先是修正，修正自己并养成自然的生命状态。把歪的、不好的东西拦截于外，不让它们侵入自己的内心，从而走向崇高、理想的自己。

　　其次是修炼，好比把自己浮躁的心架在火上烤，把没用的焦虑、功利、自私通通烧掉，烈火煅烧后留下的坚毅果敢则是我们需要坚守的。这个煅烧的过程是痛苦的，但智慧常常在痛苦处开花。

　　再次是修养，随时反省，化"德"于日常，养成好习惯。与此同时，修至自然状态，回归初心本真。辽阔的土地、泥土的芬芳、花草的清香、庄稼的播种与收获等都让人着迷和神往。自然可谓是人类的老师，常常体现出了比人类更优越的品质，展露出比人类更崇高的道德。

最后是修习，人要以各种方式努力修习，才可能接近自然的要求。当一个人的心性修行达到了自然的境界，就会发现，自己看待人、看待事、看待生活的眼光发生了细腻的变化；就会发觉，自己想做的教育、想传达的那种文化里最好的状态，是用一种很急的心态实现不了的。

我们唯一要做的，就是修一种自然而然的静气，追求一种朴素的、简单的、纯真的、不断追根溯源的教育实践。

2 为 己

"古之学者为己,今之学者为人。"这句话的意思是,古代的学习者学习的目的在于修养学问道德,提高自己的德行和精神境界;而当代的大多数学习者学习的目的却是为了装饰自己,取悦于人或追名逐利。

"人不为己,天诛地灭",许多人理解错了这句话,还以为给自己的自私自利找到了依据。其实,这句话出自《佛说十善业道经》第二十四集:"人生为己,天经地义,人不为己,天诛地灭。"整句话是说,人的一生要好好修炼自己,使自己品德高尚,这是天经地义的事;一个人如果不注重个人修养的话,天地将诛灭之。

好好修炼自己吧,追求至善,将是一个人一辈子的修行。

3 歧　路

"林中有两条路,你永远只能走其中一条,然后怀念着另一条。"人生,犹如林中的蜿蜒小路,你只能选其中一条走到尽头,向左还是向右,人生充满了选择。

既不肯舍弃鱼,也不肯舍弃熊掌;吃着碗里的,又看着锅里的;既走向一条路,又念念不忘另一条路……如此徘徊顾虑,瞻前顾后,在歧路中耗损精力、迷失自我。

为何人生多歧路?也许是心路被杂念、私欲堵塞了。孟子曾说:"山径之蹊间,介然用之而成路;为间不用,则茅塞之矣。今茅塞子之心矣。"意思是说,山上的小路是人走出来的,前面有人踩出来,后面又常有人走,这便成了路;如果有段时间没人走,茅草就会长出来,把路给堵塞了;今天啊,你的心就被堵塞了。

我们一旦茅塞顿开,则豁然开朗,则有何路不好走?生命之歧路尽管千差万别,但是,一旦认定一个目标,就要专注前方,踏平坎坷成大道,其余皆置之度外可矣。

4 耕 耘

耕耘是收获的开始，努力是成功的序曲。

人们常说，一分耕耘一分收获。但是，一分耕耘真的会有一分收获吗？恐怕未必。如果没有耕耘，肯定不会有收获；但如果在耕耘时想着收获，则耕耘不尽心，收获也不会顺意。

很多时候，我们只要尽心耕耘就好了，至于收获，则宜顺其自然，不必强求。所谓君子喻于义，君子为一生的使命和信仰而勤奋耕耘，不为别的，只为不断修行而成为一个有光的人，先照亮自己，再照亮更多的人。

每份努力的付出，只为美好的未来播下希望的种子。只事耕耘，不问收获，日日更新，则久之便能成滴水穿石之功。

5 坚 持

齐白石是我国近代书画史上一个标志性人物,他画的墨虾活灵活现,令人叹为观止。

齐白石 16 岁时开始拜师学雕花。学手艺不仅要勤动手,更要善动脑。他发现,师傅的雕花反反复复就是"麒麟送子""状元及第"那几个式样,没有新意。于是,他尝试将虫草花鸟等元素迁移到木雕里,没想到竟颇受欢迎。

这种经历让他对国画产生了兴趣。20 岁那年,齐白石在一位主顾家里干活,发现了一套《芥子园画谱》,此书在当时颇为稀少珍贵,他便向书主借来,临摹勾画了半年,画成了 16 册样本。接下来 5 年,靠这套勾画出来的样本,他在闲时反复临摹做木雕,画画的底子就这么打下来了。后来,齐白石变得小有名气,引来名画家收他为徒;再后来,他大有名气,成为一代书画名家。

发现一本好书,花半年临摹,再花几年反复操练,这种坚持到底的举动至今犹为珍贵。

"羿之教人射,必志于彀。"学习之道,也在于用尽心力并且坚持到底。

6 放 弃

放弃，往往比坚持更难，但真正的放弃，一定是来自内心深处的呼唤。

放弃社交。在你还没有足够强大和优秀时，先别将宝贵的时间花在社交和参加各种聚会上，而应多花点时间在读书学习和提高技能上。放弃那些庸俗的社交，不断提升自己，你才会变得更强大。

放弃说服。不刻意游说别人，不死乞白赖地说服别人。能量不足的人，才会企图去劝服别人、苛责别人乃至控制别人，那是给别人的精神世界加一把枷锁。

放弃短视。不贪图于眼前的蝇头小利，不自困于眼前的委屈憋屈，不自陷于艰难困苦之中，放弃短视，放弃暴跳如雷，沉得住气，弱化自己的所求，回归到真诚与良知，回归到高瞻远瞩之处，人生才会豁然开朗，前行之路才会变成坦途。

放弃自我。适时清空自己，听到好的观点，虚心向别人学习；遇到比自己优秀的人，尤其是遇见高人，也可及时将内心清零，虚空自我，争取与高人对话，去感受那种智慧相互碰撞的美妙。

7 孵 化

母鸡孵小鸡，除了要有适宜的温度之外，还需要有持续的时间。一般来说，孵 21 天左右小鸡就可破壳而出，温度和时间两个条件缺一不可。因此，需要母鸡有足够的耐心，否则孵出的就可能是坏蛋或臭蛋。

如果母鸡贪玩去了，或因吃美食贪嘴而耽误了时间，不能持续保持孵在鸡蛋上的状态，导致鸡蛋的温度时冷时热，那么鸡蛋孵出小鸡的概率就会很低。

做教育也是如此，需要把握孵化的力度。每个孩子背后的家庭条件、家长的素质均有不同，教育者需像母鸡孵小鸡一样，尽己所能去仔细观察孩子并了解其家庭，从中感知孩子的真实生命状态，才能找到使孩子内心温暖的路径。

其次，要善于系统思考，重点突破，持续发力，扶正祛邪，培养孩子的正念正气。如果方法得当，如孵蛋一样，21 天左右便可养成一个好习惯。可以先养出最核心的好习惯，再慢慢养成其他好习惯。好的习惯坚持下来了，优秀便会成为孩子人生的底色。

最后，要知道虽然我们很难直接改变家长的行为和态度，但可以影响和引导他们，甚至可以感化他们。当家长从自己孩子的身上看到了点滴进步和细微变化时，我深信，家长是可以被打动的。一旦家长心动了，家校之间便可以产生正向的能量互动。

8 抬 举

人是需要互相抬举的。在平常的生活和工作中，我们宜诚心诚意，真诚地去抬举别人。

而我们自己需不需要别人抬举呢？当然是需要的。但这种需要不是去乞求，也不是刻意去要来的，而是在真诚抬举了他人后，得之我幸，不得坦然。

其实，每个人最重要的是要在人生之路上修正自己，远离邪气，传播正能量，不断地修炼自己。当自己拥有足够强大的能量时，近悦远来，何愁没人抬举你？

当你修炼成了高山之巅的一棵树时，连阳光都会首先眷顾你。

9 直　面

问题，其本身就是个问题。

人在生活中总是会出现这样或那样的问题。有的问题就像一块牛皮糖，粘住你后，甩也甩不掉；有的问题就像鞋子里的沙子，让你走起路来极不舒服，不得不停下来倒掉，但可能走着走着又会有新的沙子出现在鞋子里。

假如你想避开问题、绕开它走，肯定还会有其他的问题堵住你、拦截你，形成一堵又一堵新的墙，让你避无可避、处处碰壁。

唯有直面问题，带着问题往前走，在思考问题中成长，才是解决问题的唯一策略。

每个问题都提供了一次成长的机会，在不断地分析、研判和解决问题的过程中，我们锻炼了生存的本领，生成了生活的智慧。每个问题都是一扇窗，你不去碰不去开，它永远关闭着；而当你勇敢地推开它时，眼前出现的将是一个崭新而又广阔的世界。

带着问题往前走，意味着允许一些问题的存在，因为这些问题有的会在往前走的过程中慢慢得到解决。在思考问题中成长，意味着不是简单地做"灭火队长"，而是要防患于未然，研究怎样避免类似的问题屡次出现；意味着不能头疼医头、脚疼医脚，而是要透视问题，抓住问题本质，善于从根本上解决问题。

教育中的一些问题，在世俗和现实的空间里往往是无解的。唯有将它们置于文化的高处，一览众山小，则它们也许就不是问题了。

10 化　解

智慧从哪里来？从化解痛苦中来。

人总是本能地远离痛苦，安于舒适。一段时间以来，人们正在慢慢地丧失承受苦难的能力。这是因为有些人不敢直面痛苦，只注重减轻、躲避痛苦，害怕离开舒适区，但拒绝接受痛苦，就是拒绝生活本身。对良善幸福和积极事物的追求是人类的天性，但在这个过程中，同样不能否认负面事物的存在，否则反而会给自己带来严重的伤害，就像经历苦难一样。因此，我们应该端正生活态度，坦然地直面和接纳生活中幸福与痛苦。

怎样化解痛苦？一是调整内心的高度。人的所有痛苦与不安，皆因自己心在低处，与世俗功利纠缠不休；要想得到化解，须调整自己内心的高度，立于高处，自然心境廓清。二是唤醒"仁义礼智"的天性。人人心中都有"仁义礼智"，只是有些人身上的这些美好品质还处在沉睡状态，当它们被唤醒时，人的身上就会焕发光芒。

人在成长过程中往往要经历痛苦，在化解无数痛苦后成长起来的人，面对生活时就多了一份从容和淡定。

11 无 怨

怨气的负能量很大。怨气一旦冒上来，就会将所有美好的东西都破坏掉。

人非圣贤，孰能无过？实际上，圣贤也可能是有怨的，只是他们处置的方式更有智慧。"不迁怒"，这是孔子对仁者颜回的评价。圣贤们有了怒、有了怨，不迁移给别人，不将怨气释放在公共场合，只是反躬自省，扪心自问，克制和化解了怨气。

孔子讲："躬自厚而薄责于人，则远怨矣。"德行厚重的人，对自己要求很高，以君子的标准要求自己，对别人的要求却不高。降低了对别人的要求，甚至放弃了要求别人，而将平时对别人的全部要求都用来提高自己的修为，则可做到无怨矣。

12 活 读

随着电子书、有声书的出现，纸质书似乎变得不像以前那样受人欢迎了。带着随身书库，利用碎片化时间阅读，有的人爱上了电子书；开一盏灯，泡一杯茶，翻一本好书，有的人依然坚持着阅读纸质书；听一本好书，与文字产生新的链接，有的人爱上了听书……

在"掌媒"时代，无论习惯于哪种阅读方式，都务必要读思结合，灵活读书，将书读活。孔子云"学而不思则罔"，读而不思，便好像开花却不结果。清代袁枚曾讲过一个关于读书的故事：有个老学究，夜行乡间小路，遇到一个鬼吏想去南村，于是人鬼结伴而行。当来到一间茅屋旁时，鬼吏突然对老学究说："轻点走，别惊扰人家，这里住着一位大学士。"老学究追问鬼吏为何知悉屋主人，鬼吏说："书读得好的，其脑顶上会大放光芒，且字字皆吐光芒，其光缥缈缤纷，灿如锦绣。"等到经过老学究家时，老学究问："此屋光芒如何？"鬼吏答："字字化为黑烟，如在浓雾中，实未见光芒。"老学究顿时震惊了。这难道是因为老学究读书少吗？皆因他虽一屋子都是书，但读书几十年却心无所悟，因而全无读书人该有的精神明亮啊！

袁枚所讲的"读书鬼"的故事，宜当作寓言来进行反思和警醒。不经思考的读书是没有意义的，读书当融会贯通、自成体系，达到"吾道一以贯之"的理想境界。

真正的读书人，当气如芝兰，自带光芒。

13 目　光

目光，最能反映一个人的内心世界和精神状态。

清晨，我站在校门口，跟入校的孩子打招呼问好。在孩子回应"早上好！"的一刹那，可以发现孩子目光各不相同。有的孩子目光清澈，声音清亮；有的孩子睡眼蒙胧，目光迷离，口里含糊地应着，头也不抬地往前走；有的孩子眼中带笑，自信大方；有的孩子目光低垂，点了点头便埋头往前走；有的孩子嘴里嚼着面包，充满歉意的目光一闪又躲了回去……

眼睛是心灵的窗户，目光是内心的镜子。一个人的目光是阳光自信的，还是忧郁怯弱的？是清明真诚的，还是模糊虚伪的？是纯真朴实的，还是散乱迷离的？这全凭自己做主。我们当坚定脚下的步伐，澄澈自己的内心，立志向上，严格自律，目光笃定，为这个多彩的世界增添一束温暖的光。

14 眼 光

教育的核心可以说是改变人的眼光。眼光就是心光，眼光的高低决定了一个人的命运。有人说毛泽东眼光独到，可以预见未来，他总能比别人至少多"看"到未来的五十年。

有时我们可以看见宇宙，却看不见社会底层最悲惨的世界；有时我们只看见了眼前的危难困厄，却看不见危中的机会和机遇；有时我们只看见眼前的世俗功利，却看不见未来二三十年的发展和变化。

有油画家说，画油画时要做到从远处着眼，从近处着手。在近处画油画时，要放眼长远，不能只看着眼前的画纸，要看到画里远处的层次和风景，如果没有长远的眼光，就难以画出高品质的油画。

是什么决定了人的眼光？是静心，是日常生活的历练，是对读书学习的坚持，是向优秀的人和高人求教的顿悟……我们要像画油画一样，既要将眼光放长远，又要努力做好近处力所能及的事情，否则就会眼高手低，难以将长远的目标落到实处。

15 听 音

人有两只耳朵一个口，这个生理特征似乎是要求我们要多听少说。在人际交往中，善于倾听的人往往能够占据优势。

在我的家乡有句俗语："叫花子听鼓响，蚂蟥听水响。"意思是一旦哪家有了红白喜事，响起了鼓声，叫花子就会循着锣鼓声凑过去，讨得一粥半饭，主人家一般都会乐于施舍；人们在水田里干活，脚在泥水中挪移发出的水声，会引来蚂蟥的叮咬。

叫花子和蚂蟥，可称得上听力敏锐了，但这还不够。真正的听是要能听音，要能心领神会。怎样才能听到对方内心真实的想法与诉求？这就要求我们要静下心来，全身心专注且安静地听对方诉说，而非似听非听、三心二意。

善听音之人，才有可能成为他人真正的知音。

16 慎 言

孔子说:"多闻阙疑,慎言其余,则寡尤。"意思是说,多听别人说话,把觉得可疑的放在一旁,其余的话也要谨慎说,便可以少出过错。弘一大师认为,"涉世以慎言为先"。曾国藩也曾讲,"立身以不妄语为本","不妄语"说的也是"慎言"。

"慎"者,"真"字前面有"心"。因此,"慎言"首先要有好"心肠",应善德行。要善于清心,要清掉浮躁的、私欲的、蛊惑的东西;还要清掉歪风邪气、歪思邪念、歪门邪道。此外,更关键还是要有敬畏之心,要敬畏天命、敬畏规律、敬畏高人,随时保持谦卑的虚空状态。

"慎言"还要做到"假话全不说",要讲真话,要真心待人、真心说话,让真情流露,而不是假模假样、假话连篇、假情假意。要言之有物、言之有理、言之有味,尤其不可妄论圣贤,不可背后论人是非。

最后,真正意义上的"慎言"是务必站在对方的角度,多说"暖人心"的话,不说"伤人心"的话,而"挑人刺"的话不在公众场合说,最好私下交流。面对傲慢无礼之人,最好的方式是沉默,最好的修炼是"倾听"或者"不言"。

17 贵　言

生命从有口难言开始，又从有口难言结束。可以说，有口难言是生命的常态。

一般情况下，一个人在出生后一年左右就会说话，但却要用一辈子的时间学会好好地说话。良言一句三冬暖，恶语伤人六月寒。在生活中，许多人常常把好事说砸了，使结果适得其反。"刀子嘴豆腐心"其实是个伪命题，所谓言为心声，刀子嘴就是刀子心，只有豆腐心才能对应豆腐嘴。所以，"一言以兴邦、一言以丧邦"，君子必贵其言。

"贵言"，是相对于赘言、烦言、废言而说的。"贵言"，首先是要少言、简言，要言简意赅，要言而不烦，让对方一下子能听得明白，要讲让别人能听得懂的话。其次，要善于讲金玉良言，善用比喻、类比等修辞手法，善于讲故事，尽可能接地气，入脑入心，尽可能打动对方。最后，要主动向高人学习，正所谓"听君一席话，胜读十年书"。要在向高人学习的过程中不断提升自己，能够讲出"一语惊醒梦中人"的话。

"贵言"，需要每个人用一辈子的时间去修行。

18 好 话

人和人之间的交流,好好说话、说好话很重要。有的人一辈子都在等待对方的一句好话,但就是等不到。

什么是好话?能打开人心扉、能让人心生喜悦的话就是好话。而那些让他人不舒服甚至难受的话,即使说得再漂亮,都是恶语相加。

从源头上说,说不出好话的人不是嘴笨,而是其精神世界荒芜或扭曲了。心里一片废墟的人是不可能说出好话的,就像狗嘴里不可能吐出象牙一样。一个人心里不满、有怨气的时候,也绝对不会说出让人喜悦的话,即使听起来像是一套一套的好话,但实际上也只是在表演,是一种假象。

存好心,才能说好话。好话一定源自好心,我们要一点一点地养好自己的这颗心,内心圆满了,好话自然就冒出来了。

好心,实际上是孔子所倡导的"仁",做到尽己之心、推己及人,才可能有好话暖人心。身为教者,更应不断存好心,身体力行,在孩子面前做一个典范。如果自己都活成了被孩子们批判的对象,又怎能完成有效的沟通呢?

19 风 水

风水是一个让很多人误解了的词汇,以为讲风水就是讲迷信。其实,我们需要重新认识它,可以说风是一个人的格局、气势,而水是一个人的情绪、意态,它们都是看得见并能直接感受得到的。

人有七情六欲,有时难以控制自己的情绪。但管好自己的情绪,就是运用好自己的风水,从某种程度上说,这是一个人高情商的具体表现,是成功成才的重要标志。

有个男青年刚参加工作不久,单位里便下发了一个外出培训的名额,领导在他与另一位女同事之间拿不定主意。这天,男青年与女同事碰面了,女同事竟然拍着桌子数落起他来,他也控制不了情绪,对骂了过去。当时看起来似乎没什么,但后来他却因此失去了培训的机会,所有的人都说他,为了这点小事就吵成这样,真是没素质也没格局。

多数人都会像这个男青年一样,在感受到不公和愤慨时容易失去对情绪的控制。然而,控制不住自己的情绪,最终受伤的仍然会是自己。

控制情绪要把握好三字诀。面对不堪入目、气急攻心、突然爆发的状况,坏情绪上来时,首先要"冷",要将火气"冷冻"住,忍住坏情绪不发作,要冷一冷、缓一缓、忍一忍。其次要"移",要将当下的注意力转移到其他事上。最后要"化",虽然不发火了,但这个坏情绪只是被临时封冻起来,如不排解和消化它,心理迟早会出问题。化解坏情绪的方法很多，聊天、唱歌或运动等都是不错的选择。

我们都要运好自己的风水，做情绪的主人，让积极向上的情绪成就自己的好风水。

20 养 善

人的生存和发展，归纳起来就是一个词——养善。

养，繁体字为"養"，从字形上看，上面是一只羊，下面是一个良，蕴含着美好善良的意思。所以，从字面上看，养就是养善，就是成人之美。抓住一丝善念，提炼聚焦，养大它，并扩充到自己的生命中去，扩充到家庭、单位及所在的圈子中去，扩充到天地宇宙之间，大到可以教化他人，达到天人合一。

《冷庐杂识》中记录了一个"竹杖浸厕"的故事。一个衙门里的差役，宅心仁厚，生怕板子重会伤了人，听闻用浸了尿的竹杖打人既不疼，伤口也不会化脓，于是特意将竹杖磨细，并放在粪坑里浸泡良久后才拿出来使用，尽量只伤他人皮肉，不伤筋骨腑脏。这个差役还从不给犯人打重板，正因心怀善念，至95岁时他还身体健康，数代同堂，儿孙绕膝。

心怀善念，日行一善。我们要在细微处着手，慢慢积累，渐渐养善，进而养活胸中的一团能够温暖人心的"春意"，养出无限生机。

2.1 爱 善

鸟儿没有翅膀就不能飞翔，爱和善就像鸟儿的一对翅膀；亦如"人"字的一撇一捺，没有爱和善，"人"就难立于世。

爱和善，来自积小爱成大爱，积小善成大善，在日常点滴中累积而形成质变。宜先爱自己，不给别人添麻烦，接着再有能力去爱亲人、爱兄弟姐妹、爱同学朋友、爱有仁德的人，再推及到爱大自然和大社会，进而爱民族爱祖国，以成就大爱。我们可以先从不乱扔垃圾开始，从微笑面对每一个人开始，从自觉规范言行开始，从力所能及地帮助身边的人，到有能力且乐于帮助更多的人，以成就大善。

生活中，很多时候会出现这样的困境：父母觉得自己对孩子的爱很饱满了，但孩子却感受不到，甚至感受到的只有忽视和冷漠，这是为什么呢？也许是因为父母的爱背后，功利性的期待太多，也许是因为父母并未读懂孩子的心……真正的爱应是无私的、互动的。一旦无私，则无所求，诚心施爱，静待花开；一旦爱心互动了、真情流动了，则喜悦油然而生，幸福溢于言表。

播下爱和善的种子，让它们生根发芽，转化为精神的力量，变成助力孩子远航的翅膀。

2.2 小 善

在这个让人难以保持内心柔软的世界里，要想变得对身边事物漠不关心，太容易了。

我们可别忘了每个人都是能发光发热的个体，虽不能如太阳般照亮全世界，但只要积极向善，日行一善，即使一个小小的善举，也足以照亮他人，温暖别人。

勿以善小而不为。小善是播撒爱的种子，日积月累会长出一大片希望的密林，催生出向前和向上的勇气和力量。那是以一颗心唤醒另一颗心，以一片叶震动另一片叶，以一束光点亮另一束光。

古语有云："善来善往，福往福报。"要相信，你给别人的善越多，你得到的善也会越多。

23 智 慧

生命之舟想要扬帆远航，一定离不开智慧的橹。想拥有智慧，至少应达到三层境界。

境界一：修自己。从字面上看，"智"="知"+"日"，就是"每日一知道"，意味着要保持好学精神，生命不息，好学不止，永不停歇和放弃。"慧"="彗"+"心"，就是"每日一清心"，意味着要保持反思习惯，每天清扫内心淤积的垃圾，让内心如澄明干净的清泉，时常保持勃勃生机。

境界二：达别人。知人者智，自知者明。"智"，就是知道别人的需要；"慧"，就是知道自己的需要。"智慧"就是在达成别人的需要的同时，又能达成自己的需要。当前时代，国与国之间的抗衡、人与人之间的抗争，无非都是需要之争、利益之争。很多时候我们很难了解对手的真正意图，往往在纷争中忘记了自己的初衷，于是乎，各种矛盾冲突不止，各种千丝万缕的关系错综复杂。因此，唯有跳出庐山之外，拨云见雾，方能知己达彼，识得庐山真面目。

境界三：知未来。智慧意味着拥有预知未来的能力。心理学家荣格曾说过，你没有觉察到的事情，将会变成你的"命运"。每个人的"自我"形成了每个人的命运，不识"自我"就有可能不识命运。唯有立志笃学、居安思危，才有可能预知自己的未来；唯有心怀使命、洞明世事，才有可能预知社会的未来。而真正意义上的洞察，并非眼之所见，而是用心去感悟所生成的认识和判断。

"智极则愚也,圣人不患智寡,患德之有失焉。"大智若愚、大巧若拙,真正的智者善于修身养德,真正的大智慧就是大德大仁。

24 修 心

养树先养根，养人宜修心。修心即是尝试回归，努力与真实的自己相遇，达成与自己的融洽以及与天地的和谐。

修心，关键在于涵养自己的心地，使之光明干净，充满活力。心地好了，种上喜悦，就会时时长出喜悦；种上美，就会随时绽放无限春光；种上希望，必定能够收获累累硕果……

养护心地，需要时时拦截污染心地的功利欲望、消极情绪以及由外而内侵入的邪气，特别是要拦截住欲望。人的痛苦、纠结、麻烦皆因有过多的欲望；欲望一旦主导了内心，人的所有时间和精力都将被用来喂养欲望，渐渐地，人就会丢魂失魄，变得一个六神无主、没有灵魂。一个心地被污染的人，会心烦气躁、心思散乱，有时还会表现出极具破坏力的攻击性。这样的人一靠近婴儿，婴儿都会被其吓哭。

修心的最终目的，是要让自己的内心越来越柔软温暖。如是，则心修好了，人生也会更加平和顺遂。

25 磨 心

人们常说，要保持平常心。可一旦涉及自己的切身利益，只要没达到心中的期望，如何能保持淡定？或是自己曾经不齿的张狂之人上位了，哪里还能按捺得住自己？泰山崩于前而色不改，又有几人真正可以做到？

何谓平常心？不以物喜，不以己悲，笑看云卷云舒，漫游天地宇宙，这便是平常心。"饥来吃饭、困来即眠"，这也是平常心。

平常心其实一点都不平常，要真正做到并非易事，而是经过一番磨炼才能磨出来的。平常心是经一事长一智，是摔一次跤长一次教训，是在接连不断的摸爬滚打、跌跌撞撞中，甚至是在无数次撞南墙的经历中成长起来的平和心态，是在屡次的得失反思中一点点地磨出的智慧、磨出的从容。

请君牢记，平常心一定是在不平常的际遇中一点点地被磨出来的。

26 心 平

"心平气和"不是一种状态,而是一个过程。心平了,气才会和。

但是,心平是一件很难的事,尤其是对于血气方刚的年轻人而言,面对可伤可痛的事时岂能轻语心平气和!人心不足,人心如水,则随时随地都有可能泛起波澜,人的心是不容易平的。

心平最大的障碍不是别的什么,而是能否与自己和解,能否与世界和解。当我们专注于自己每天的点滴,对每一日都抱着虔诚的心,竭尽所能地去尊敬它,充满敬意地做好每一件事时,那么无论结果如何,我们都能心平气和地接受。

让自己心平,是一个修炼的过程。心平并非不思进取,也不是懦弱无能,相反,它体现出的是心智的成熟和生活的智慧。

27 磨 合

磨合，一般指新组装的机器经过一定时间的使用，将摩擦面上的加工痕迹磨光，而使得零件之间运作得更加密合。新车上路，需要一定的磨合期，其性能才能发挥至最好。

人与人之间的交往也需要磨合，但很多时候往往是磨而不合，磨出的是市侩与偏见、冷漠与自私，又或者是针尖对麦芒的火药味，而不是你谦我让的友情火花。

这里所说的磨合，不是你征服我、我征服你的对抗，而是心里装有别人，是在长时间的相处中，既欣赏对方的优点，也容纳对方的不足。尤其在牵涉自己利益的关键事件上，你让我一点，我让你一分，在彼此的体谅和理解中达成和谐。在此过程中，磨砺的是自己的心性和耐力，收获的是肝胆相照的朋友和纯淡如水的君子之交。

28 尽 心

"尽力不尽心"是人性中的一个痛点。平常我们做一件事但没有完成时,往往会说"我尽力了"。但真的尽力了吗?很多时候,我们自以为尽力了,但其实却没有"尽心"。没有尽心,就会向外找借口,而找一个借口就会烂一条根,直至最后整个生命大厦因此坍塌。化解"尽力不尽心"的良方,其实就是要在实践中尽一份"父母心"。

"父母心"的本质是"无私",无条件、彻底地尽己之心。生活中孩子委托父母亲去办一件事,父母总会竭尽全力去完成;即便事情超出了父母的能力范围,他们也总能发挥出足够的智慧去解决问题。而我们似乎每做一件事情都要找一个理由,或者干脆要求要以有一定的回报来作为前提。

要尽一份"父母心",就要放下所谓的利益,放下分别,放下计较,只是保持一份纯净的爱,所想的只是如何把事情做好做到位。事实上,真把尽一份"父母心"做好做到位了,则无论何事都能找到解决的办法,这样也就没有一件事是办不成的。即便万一没办成,因为你尽心了,也会是心安的。

29 安　心

生命的成长，本质上是耕耘自己内心的那块自留地。以内心之安，处宇宙之万变，方能从容自在，平静喜悦。这是一个静美的空间，无论人与人的关系如何演化，无论世间万物如何演变，唯有安心才能让你真正立于不败之地。

孔子曾说："君子坦荡荡，小人常戚戚。"这里所说的"坦荡"，就是心安。怎样做到"坦荡荡"呢？君子做事，一是循理而行。始终站在规律常识下做事，而且做的都是理所当然的事，所以不会纠结、不会揪心。二是安分守己。始终守住职责，内心里有秩序，且有礼、有节、有规矩。三是行有不得，反求诸己。不怨天、不尤人、不找借口、不推卸责任，有问题首先在自己身上找原因。

让心安下来，就像静待水之澄澈。一杯浑浊的水，不去搅动它，只是观察它、等待它，渐渐地，泥尘沉淀，水便会归于清澈。人安心时，心是静的，于是就能沉下去，能沉下去则什么都能做好。

但是，想做到"心安"并不易，因为有"比较心"在作怪。眼看着别人这也好，那也好，什么都好，样样都出彩，而自己却总是这也不行，那也不行，于是，老逼着自己追赶别人，心一直处在不安之中。为什么不换一个思路，让自己跟自己比呢？争取今天比昨天进步，明天比今天进步，每天都进步一点点，可矣。

安心，就是要把心安住在当下，将自己的使命找回来。君子为使命所驱使，说到底，一个人的志向和使命感便是安心的根本。

30 心 力

"人"字靠一撇一捺立于世,这一撇一捺好比是强健的体力和强大的心力。体力固然重要,但心力是根本,决定了一个人的生命状态。庄子曾说:"人之生,气之聚也。聚则生,散则死。"这里的"气"指"元气、真气",是心力的另一种表述。作为教育者,首要是让自己成为心力强大的人。

首先,要有强健的体魄。好身体除了靠合理饮食、科学锻炼、适度休闲之外,关键还要靠修心。当你一心为成就每位学生而认真工作、辛勤耕耘时,就会心无旁骛,正气盈身,气血通畅,这就是最好的养生。

其次,要有念念不忘的志向,并且矢志不移,如此内心就会变得强大而有活力。教育者之志向,乃得天下英才而教之也。

再次,要有反省复盘的习惯,如王阳明所倡导的养静心。每天坚持静思和反省,排除私心杂念,让内心静下来,让真、善、美的喜悦沉淀下来。

最后,要善于积蓄和输入养分来滋养内心。一是从大自然中汲取,修养德行,实现天人合一,引进天地能量滋养自己,顺应自然之气,顺应自然而为;二是从优秀经典中获得,比如每天坚持阅读写作;三是从优秀的人身上学习,耳濡目染,学习优秀的人的强大心力,不断提升自己;四是在学科学习、为人处世等事上磨砺,一天一进步,做到脚踏实地、力行近仁。

经过这样的努力,一个拥有这般强大心力的教育者,是阳光自信、积极主动的;这样的人,心永远在高处,平静深远,通达从容。

31 胆 气

刘再复曾说:"一个心灵的底子雄厚还是不雄厚,是可以触摸到的。心灵底子薄弱的人,既经不起成功,也经不起失败,掌声和挫折都会把他打败。凡优秀者,需要有底气、有胆气、有正气,而这些都与心灵的根底相关。"

在底气、胆气和正气三者中,胆气尤其重要。有些人,智商和情商一流,可怎么也熬不出头。究其原因,实乃万事俱备,只欠胆气。胆气,即正气和胆量,是知其不可为而为之,是对世俗与平庸的挑战,是对陌生事物的大胆尝试与小心求证,是敢于"第一个吃螃蟹"的试错精神。

怎样提升胆气?

首先,打开心门,让阳光照进来,驱散内心的阴霾。

其次,形成利落的决断力。要善于概括与提炼,形成自己的思维体系,进而有效地解决问题。要像盘旋在高空的老鹰,一下子便能发现草丛里的野兔,并精准出击,一击而中。

最后,心存敬畏、大勇若怯。真正的胆气不是狂妄,而是泰山崩于前而色不变的镇定。在弱者面前,不可恃强凌弱,要让人感受到温暖;在强者面前,懂得适时示弱,让人感受到尊重;在规律面前,不可逆天而行,宜顺应天道、顺势而为。

32 炼 神

近期,我与一位做生意的家长朋友相聚。差不多两年没见了,但发觉他仍跟两年前一样,依然说话铿锵有力,精神饱满、神采飞扬。

两年时间,他经历了生意亏损五六百万元的滑坡期,但很快走出了困境,做成了一个属于自己的岩板家居品牌,已基本还清了欠款,生意正在好转。他自信地说,今年生意肯定没问题,至少能做 5000 万元的生意。

为什么他的精神状态这么好?通过交谈,我发觉他至少拥有以下几个特点:一是喜爱自己所从事的工作,因为喜爱,所以有持续的热情和动力;二是没有不良嗜好,不抽烟、少喝酒、不赌博、少应酬,这些为他自己留出了足够多的空间和精力;三是每天坚持写工作反思;四是做事很有规划和计划性,每年干什么、每月干什么、每周干什么、每天干什么,都规划得很好;五是勇于从挫折中崛起,这是需要韧劲和坚守的。

怎样能修炼出好的精神状态?成功的人都是严格自律的人,善于保持健康的生活方式,调整自己的生活节奏,坚持锻炼身体,勇于断舍离,自觉拒绝那些损耗精力的诱惑,将精力投入到生命中最重要的事情上去。

人的"神"是可以感应到的,其在人的音容笑貌之中,在坐立行走当中,在为人处世之中,这是需要不断修炼的。

33 免 疫

免疫，顾名思义，一般指人体的抵抗力，是机体的一种生理性保护功能。在各种病毒肆虐的时代，智力、权力、财力，最终都不如免疫力。

要有好的免疫力，首要是每天保持好心情。实践证明，快乐的人比抑郁的人免疫力强，因为好情绪能使大脑分泌出一些有益健康的物质，激活人体的免疫功能，抑制病原微生物的生长。而焦虑和悲观情绪则会影响免疫系统和内分泌系统，导致人体免疫力下降，甚至发生紊乱，容易受到各种疾病的侵袭。例如，在二次世界大战期间，胃溃疡的发病率较和平时期高出数倍，这是由于战时的精神紧张、恐惧、悲痛等因素，破坏了人们体内各个系统功能的平衡。

怎样拥有强大的免疫力？《黄帝内经》中给出了"精神内守"的好办法。

要做到"精神内守"，需以少为妙，提升定力。少看，眼不见为净；少听，耳根清净；少说，心地清净；少虑，心神清静；少举事，行动专注。这样一来，身心舒适，许多病毒细菌和歪风邪气等都被阻挡在人体之外，就可降低得病的风险。

34 花 园

当今时代，社会稳定，物质丰裕，父母爱子，本应是一派祥和喜乐。但是，我们却时常在报道中看到，青少年儿童的心理问题发病率连年增长，这个时代的孩子是怎么了？《半月谈》记者曾在调研中发现，这个时代的青少年正在遭遇"四无"心理风暴：学习无动力，厌学情绪多；对真实的世界无兴趣，一被断网就闹脾气；社交无能力，跟父母多说一句话都嫌烦；生命的无价值感和枯竭感过早地到来。这种以"四无"为特征的危机如同风暴迎面扑来。如何止息这种心理风暴？唯有让每个人的内心都拥有一座花园。

梁晓声说，人有三命，一是父母给的，叫天命；二是由自己的生活经历决定的，叫实命；三是文化给的，叫自修命。天命不可违，但通过自修命的奋斗，能改变人生的实命。乐意改变人生实命的人，心中的园子一定繁花似锦。

如何拥有心灵花园？

首先是要热爱读书。周国平曾提出"三不"读书法：不务正业、博览群书，什么书都看；不走弯路、直奔大师，读经典著作；不求甚解，为我所用。很难想象，一个成天不读书的人能凭什么立世？

其次是热爱生活。王澍先生获得普利兹克奖后，曾回答搞建筑设计时什么最重要这个问题。他说："不要问我什么最重要，要问什么最有生活的情趣，造一间房子就是造一个世界。"王澍曾在和小朋友聊天时说："我在你们这个年龄很爱体育,但没能成为运动员,可在拼体力的建筑设计界,我的身体素质是最棒的。我很喜欢画画,但没成为画家,可作为建筑设计师,我画起图纸来非常轻松。我很喜欢作文,但没成为作家,可在获得普利兹克奖时,人家说我的设计稿是最有内涵的。这些当年看似无关紧要的东西,却在我的身上发生了奇妙的化学反应,对我的发展起了巨大作用。"

无用之用方为大用。越是功利的社会,我们反而越需要去做一些"无用"的事情。例如,打造自己的心灵花园。

35 吃 亏

常有人说"吃亏是福""吃小亏占大便宜"等,说此话的人实际上是不会吃亏的,因为他嘴里虽念叨着吃亏,却希望着能换来福气和大便宜。

然而,吃亏就是吃亏,吃亏了以后也要求得一份安心。韩国前总统李明博在《经营未来》的自传中,回忆了小时候最让他心烦的事情:母亲常命令他去帮邻居干活,而且一定不可接受任何报酬,人家给吃的不能拿,甚至在人家那儿喝一口水也不可以。

如此经过几次之后,李明博渐渐明白了母亲的用意:不拿人家的东西,才可以更加坦荡地去帮助别人;而在帮助别人的"吃亏"过程中,逐渐培育出了克服贫穷的力量。

那些主动"吃亏"的人,心在高处,克己复礼,反而成就了君子之气。

36 谦 卑

　　谦卑，是自谦但不自卑。自谦，即以虚受人，知己不足，心存敬畏，在星辰大海、天地万象、规律常识、圣人先师、高人经典面前，意识到自己是渺小和无知的。

　　谦卑，是自信但不自傲。自傲，是目空一切，让自己活在了一个被无限放大的虚幻空间里，但这就像肥皂泡一样，总有破灭的那一刻。

　　谦卑，是卑微但不卑贱。谦卑的人，对自我的要求很高，"位卑未敢忘忧国"，虽处于卑微之低处，但仍"处江湖之远而忧其君"。

　　一个人之所以谦卑，是因为真正看到了自己的渺小。那些德高望重的长者，见到谁都客客气气、恭恭敬敬，让人觉得舒服自在，这便是谦卑的践行。

37 舍　得

舍得，有舍有得，小舍小得，大舍大得。"恩"也含有"舍"的意思，真正的感恩，是"舍得给"，给人时间、给人方便、给人钱财、给人自己喜爱的物品、给人温暖与光明。如果什么都不舍得，那不是真正的感恩。

"与人为善，善与人同"，意思是乐于同人分享，听到好的思想观点，能及时修正自己、虚心向他人学习；同时，舍得把自己的收获分享给别人。人类的文明正是因为舍得分享才变得丰富多彩。

舍与得本是一体。当以舍求得时，不一定有所得；当舍而无求时，得却可能悄然而至，至少，内心的喜悦会油然而生。

38 刚 柔

刚柔相融,是令人向往的人生境界。

刚,是"不管风吹浪打,胜似闲庭信步"的气定神闲,是"千磨万击还坚劲"的抗压能力。真正的"刚",一定是刚柔相济,剑不出鞘,"谈笑间,樯橹灰飞烟灭"。

柔,是一树枝叶花瓣在风中的轻吟浅唱,是花儿轻抚绿叶的温柔。真正的柔,是在容纳世间万物、化解无数的艰难困苦中,升腾起生命的韧性和力量,让人柔中带刚、刚柔并济。

刚时宜努力精进,小心骄矜张狂;柔时宜韬光养晦,警惕一蹶不振。曾国藩认为,人在精神振奋之刚日,适合读经典著作,养浩然正气;人在意志消沉之柔日,适合读历史典籍,沉思以明志。

39 境　界

很多时候,你如有达不到的地方,是因为修行的程度还不够、修行的境界尚不到。

有人说,小酌是第一境界,一杯酒下肚,从舌头、喉咙、食道到全身,一股暖流流遍全身,毛孔打开了,全身热血沸腾,激情澎湃,豪言壮语脱口而出,即使胡言乱语也在所不惜。迷迷糊,晕晕乎,令人在醉眼蒙胧之中不小心放大了自己,膨胀了自身。

不过,该让自己打回原形了。唯有喝茶,方能让自己觉知个人的渺小。茶经过摘、炒、晒、揉等各种繁琐的程序,变得蜷缩紧致,一旦被开水一冲一泡,则浪漫舒展,无所顾忌,尽情绽放。因此,茶之道才是一种舒展惬意的人生境界。

人生境界的修炼,当如茶般谦卑、浪漫、舒展。

40 老 实

记得在大学毕业留言簿上,一位同学给我这样留言:"你像你的劳动布衣一样朴实。"大学期间,我常穿一件洗得发白的劳动布衣,一穿就是三年。我住的宿舍里有位上下铺的老乡同学,他腿脚不方便,我坚持给他备早餐,一备就是整个大学时光。我从1990年开始教语文,至今从未离开过小学语文课堂,一晃就是三十多年。这些细节,确实有点老实人味道。

人们常说老实人吃亏,但长远来看并非如此。大学期间,我给老乡同学备早餐,当时没有任何其他想法,就是乐意帮助别人,结果收获了多年的情谊及开阔的视野;坚守小学语文教学三十多年,结果收获了小学语文正高级教师的专业技术职称。

现今的时代,缺的不是聪明人,而是老实人。如果不经意间被人称作"老实人",那一定是最好的评价。少点心计、多点实诚,少点浮躁、多点踏实,尤其是年轻人,不要斤斤计较,不要怕吃亏。戏谑自己:如果哪天没有亏吃,去找点亏来吃,也未尝不可。

41 有 趣

有趣的人，一定是追求美的人。孟德斯鸠说："美必须干干净净，清清白白，在形象上如此，在内心中更是如此。"保持外表形象上的美不难，难的是保持内心的美，难的是做个内心纯粹干净的人。

有趣的人，一定能将日子过得有滋有味。他一定善于用加法计算知识和智慧，用减法计算压力，用乘法计算幸福，用除法计算烦恼。他一定不会被红尘所裹挟，不会被世俗所胁迫，不会被外界形势和内在情绪所困扰。"梨花院落溶溶月，柳絮池塘淡淡风。"一个有趣之人，会发现美好的日子只需一番清坐、一树梨花、一弯新月、一阵微风，便胜却人间无数。

粗茶淡饭无所谓，狂风暴雨也淡然。和有趣的人在一起，一壶清茶，一杯浊酒，笑饮风霜，可抵"内卷"。若生活无趣，即使踏遍千山万水，坐拥万贯家财，又能怎样？

越有趣的人，越接近幸福，对美就越敏感。美不会给我们带来救赎，但它会使我们更接近幸福。试着做一个有趣的人，让自己变得幽默而非呆板，变得流畅而非拘谨，变得柔软而非坚硬，变得温柔而非冷漠。

42 微 笑

微笑，是发自内心的欢喜，是溢于言表的能量传递，是温暖彼此的心灵桥梁。

一笑泯恩仇。微笑，可以化解仇恨与悲伤，化解一切困顿与纠结。

笑一笑，十年少。微笑，让人充满了青春的活力，永远保持向上的姿态。

得意成功时，保持微笑，展现的是自信与张力；失意落魄时，保持微笑，展现的是坚韧与淡定。而这一切，都需要内心信念的坚守、直面痛苦的勇气和勇毅前行的智慧。

据说日本推销之神原一平，原本是一个类似于"丑小鸭"的矮个子。为了寻找到顾客难以拒绝的推销方式，他竟然炼成了婴儿般的微笑。凭着保持婴儿般的微笑，原一平最终成了"销售之神"。

婴儿般的微笑，天真无邪，纯净美好。不妨让婴儿般的微笑也成为你我生活中最美的名片吧！

43 德 势

积德成势即德势，当德积累到一定的高度之后，自然成势。

《孙子兵法》中说到，用兵讲求"气势、地势、因势"，而德势应高于这三个势。"昨夜江边春水生，艨艟巨舰一毛轻。向来枉费推移力，此日中流自在行。"一旦积德成势，当如朱熹诗中"生"出的"春水"一般，推动"巨舰"顺其自然"自在行"。

如果推进起来觉得还很费力，做啥事都觉得捉襟见肘，那一定是德势还很浅薄，而解决这一短板的唯一路径就是继续修德和积德。

积德很难，需主动吃亏并乐于付出，这个过程可能并不舒服甚至是痛苦的。厚德载痛，承载痛苦的程度越深，德势就会越高；反之，缺德更易成势。很多人在往上走时，走着走着就不小心被向下的势拽着走了，因为向下的坡路好走，自身痛苦的程度也相对较弱。因此，往下走很简单，放纵自我就可以了。

德势贵在积累。一旦有了向道之心，对大道有一种向往、追求乃至成为终身的信仰，则任何困难都阻拦不住我们的脚步，我们会义无反顾地迈向高处。

44 温 和

子贡曾用五个字评价孔子,"温良恭俭让",这是对孔子的极高评价。

要做到这五个字,从实践上来说绝非易事。首先要学会让,做到宽容、宽恕别人。"手把青秧插满田,低头便见水中天。身心清净方为道,退步原来是向前。"这一从插秧中悟出的低头退让之道,还须源于身心清净。只有身心静了,才不会去争名争利争权,才能真正做到让。

而俭,关键在于简化,即节俭自己的欲望、收敛自己的情绪。

只有心怀敬畏,才能做到俭和让;只有做到俭和让了,才能做到恭敬、谦恭、低调,才能让大家都喜欢,都乐意与之亲近交往。

良就是善良和良知,是有良心,对万事万物有善意,有仁爱之心。恭敬忠信、仁义礼智是人与生俱来的良知,虽然有时会被蒙蔽,但在生活实践中,人的良知良能都能慢慢被唤醒出来。

唯有将让、俭、恭、良做到位了,才能追求温。温,体现了孔子所追求的不走极端的度,追求中庸之道,温和、温柔、温暖、温润,不激烈、不尖锐、不尖刻、不对抗。

我们宜向圣贤孔子学习,做一个温和的人,做一个温润如玉、能够温暖人心的人。

45 静 气

静气,源于一个人的文化底蕴、审美境界和内心高度,是文化介入生命之后,不断化合、沉淀出来的。一身静气,是一个教育者至美的生命状态。

一身静气的老师,其内在的心灵世界是平静的、清晰的、丰富的、细腻的、有秩序的,无论他是站着还是坐着,都会让人感觉到他身上的美与静,以及灵魂的幽香与高尚,让走近他的人心生喜悦,从而生发出敬畏之心。

一身静气的老师,能够发挥引领、唤醒、激发、协助学生的作用。和这样的老师在一起,孩子们会觉得:我喜欢这个老师,乐意听他的课;我敢于向老师提出困惑,愿意与老师分享我的哀乐;我能在老师的指导下找到学习的动力和方法。

养静贵在积累,在于每天读书学习、研究实践、反思小结,从而结成一点收获或一点喜悦,哪怕像小露珠一样,每天只结那么一小滴,但只要时间长了,就可以汇成一片湖水或一条河流,静气就渐渐显现出来了。

46 三 见

人生有三见：见天地、见众生、见自己。

这里的"见"，可理解为看见、洞见。见了天地，才体会到自身之渺小，所以谦卑；见了众生，才明白人间之悲喜，所以宽容；见了自己，才感受到真我之难求，所以豁达。从见天地到见众生再到见自己，是一个内敛锋芒的过程。于是我们渐渐地懂得了卑微，降低了自己的身段，并深深根植于泥土里。到了此阶段的人，淡然而又深邃，从心所欲而不逾矩。

这里的"见"，还可理解为直面。见天地，即直面天道运行规律，月有阴晴圆缺，人有悲欢离合，天道天命不可违，因此要有敬畏。见众生，即直面人性，复杂之人性难以揣度，要在学会包容中生发慈悲心。见自己，即直面人人皆有的七情六欲，先接纳它，再超越它，激发自身高洁的一面，从而可明前路。如果不敢直面天地、众生和自己，它们也许会变成我们心里的负累，唯有勇于面对，适时放下，方可轻装上阵。

无论是读万卷书、行万里路，还是阅人无数，走到最后见到的都是自己的初心，找回的皆是自己的良心。

47 三 识

跟一朋友聊天，说人这一辈子无非是拥有三识：知识、见识、胆识。

拥有知识，就是既要博，又要专，在某个领域贯穿古今中外，涉猎广泛，钻深钻透，成为独树一帜的专家，独领风骚而不自傲。

拥有见识，就是既要实，又要活，在行万里路中体悟，在做人做事上灵通，不搞投机取巧式的圆滑，而是基于真诚朴实的灵活机巧和善于变通。

拥有胆识，就是要有"大雪压青松，青松挺且直"的生命韧性，就是要有不畏艰险、"狭路相逢勇者胜"的临机决断，且要有刚而不屈、敢于直面困境的"霸蛮"之气。

48 主　气

主气，就是底气、气势。一个人最重要的精神特征就是，任由风云变幻，都要保持"主气不动"。曾国藩曾说："主气常静，客气常动。""主气常静"，就是在当家作主时，非常熟悉所处的环境，能够平和安静；"客气常动"，就是到了陌生的地方或不熟悉的领域，内心因不适应而躁动，此时宜以平和心态处之。

到了陌生的地方，该怎样修炼出人的主气呢？关键是要融入。

"融"的本意指炊气上升，各种食材在"鬲"中炖煮变成了美味佳肴。真正意义上的融入，就像食材在"鬲"中炖煮一样，是要发生化学反应的。人、事物、环境、生活之间相互发生影响，消除了隔阂，在不断改变自我和好奇探索之中，与新环境融合在了一起，做到了如鱼得水、游刃有余。

首先，要主动融入自然地理环境，开展调查，走访游学，了解当地的风土人情、历史文化、政治经济等状况。

其次，要主动融入人际环境，在谨言慎行中扩大朋友圈，尽快成为交际场上的"主人"，做到"反客为主""当家作主"。

最后，要主动融通自身为学做事的准则，做到精神内敛，始终处于中和状态。一旦知道自己要干什么，则信念坚定，那么就可以做到"不动心"。心不动，则主气不动，可对接"天人合一"之大道，聚天地间能量于身体之内。

49 相 对

"一阴一阳谓之道",世间万事万物都是相对的。

简单与复杂相对。很多人推崇大道至简,但那并非一般人能体验到的境界,现在的人反而需要一些复杂性。如果你没有复杂的人生经历,那么你就难以理解简单,当面对的事物一旦变得简单时,就容易变得无知。

作家余华曾结合宽窄二字谈人生之"窄门":先走宽广的大路,路上的人多且好;等你觉得自己有一定的能力了,再去走一走"窄门",走一条崎岖的山路。

寒冷与温暖也是共生的。只知道温暖而感受不到寒冷,是不真实的虚幻,在虚幻中生活的人将缺乏足够应对漫长人生的力量。

"祸兮福所倚,福兮祸所伏。"一旦明白了祸福相依、否泰相随的道理,方能居安思危,依然保持向上的力量和热情。

50 逆 商

  拒绝风浪的渔人，多半会空手而归。只有经历过风雨，才能锤炼出一个更加强大的自我。

  逆商，指一个人身处逆境时所作出的反应，以及面对挫折摆脱困境时的能力。

  浮士德在向神灵祈求第二世的人生时，许了一个愿："假如我可以再活一回，请让我去承担人间的祸福，去跟暴风雨搏斗，去迎接沉舟的碎裂。"他所祈求的也许不是坎坷本身，而是敢于直面风雨击打的勇气，是逆商强大的表现。

  或许正是绝望孵育了人类的希望，或许没有品尝过人生的荒谬与无聊，就无法体味人生的真正滋味。

  向前奔跑吧！无论前路有多少艰难，有多少险阻，不要停止奔跑，不要回顾来路，来路无可眷恋，值得期待的只有前方崭新的风景。

51 节 奏

"闭上嘴巴,用鼻呼吸,调整呼吸频率,让呼吸和步调一致,匀速前进。"这是许多长跑运动员的经验之谈。

人生犹如一场专属的长跑,任何人都无法替代。

想要不被生活的无常所折腾,想要不被莫名的压力所击垮,想要不被竞争的焦虑所左右,最好的办法是保持自己的节奏,不急躁、不慌张、不攀比、不盲动,他人的缓与急、前与后,都与自己无直接关联。

唯有落地有声、踏石留印,保持自己的节奏,心无旁骛地前行,才能达到理想的终点。

52 远　行

仔细观察自然万物，你会发现许多植物都会把种子散播到远处。例如，葡萄、柿子等被鸟类吃掉后，种子会随着鸟的粪便排出，从而被带到它们独自去不了的地方。

动物和人一旦接触到苍耳、鬼针草等植物的种子，就会被它们牢牢地挂在皮毛或衣服上，从而将种子传播到远处。

睡莲的果实成熟后，会沉入水底，果皮腐烂后，包着海绵状外皮的种子就会浮起来，漂到其他地方。

为何植物的种子喜欢远行？也许，它们知道长期生长在一个地方，土壤会越来越贫瘠，土质会越来越差，难以像上一代植物一样汲取营养；也许，因为远方有更多的诗意和精彩值得期待。

53 平　稳

平稳，即没有波动，平和稳重。平稳了，才能做到稳中求进。稳中求进是国家之战略，也是一个人应追求的理想境界。

繁体字"穩"是个会意字，从字面组成看，是说"粮食可解心中之忧"，使心安稳，其中的"粮食"应是一个人的底牌和核心竞争力。而其左边的"禾"字旁，意味着禾苗生长应遵循规律，宜不急不躁，不然就是揠苗助长，适得其反。

世间万物，最怕"急"。一旦急促匆忙，就容易失去洞察力和感知美好的能力，即使美景在侧，也会失去欣赏感受的能力。

稳中有进，意味着要狠抓基本面，把绝大部分功夫放在基本面上，一门心思令自己变得强大，最终不战而屈人之兵。

不必艳羡别人走的路平坦宽阔，也许崎岖险峻的路更能磨炼你平稳的能力，更能书写美好精彩的故事。

54 幸 福

幸福，是一种纯粹的心理感受，跟物质的占有量没有太大的关系。

幸不幸福，至少有三个关键要素。

一是悠闲。整天忙着求财，忙着竞争，忙得死去活来，哪有时间享受人生？无论做什么，都要学会忙里偷闲，要张弛有度，否则弦绷得太紧更容易断裂，反而失去了生活的韧性。

二是寡欲。没有了强烈的多个欲望的调动，才能心平气和地享受生活，才能宁静安详地做好手头的事情。现代社会，文明程度越来越高，人的欲望调动得越来越强烈。若人处于高度复杂的欲望的躁动之下，谈何快乐幸福？

三是融入自然。天人合一是中国人的哲学，回归自然，融入自然，顺应自然，忘情于山水之间，吸纳天地之灵气，怎能不幸福？

55 慈 悲

慈悲是佛教用语，慈指给予人们以安乐，悲指拔除人们的痛苦。再通俗一点讲，慈指将最好的东西毫无保留地给予别人，悲指将别人身上不好的东西接过来化解掉。

一个人最大的仁，就是修一颗慈悲心。而修不到这个境界该怎么办？宜"穷则独善其身，达则兼济天下"。

如果还达不到慈悲的境地，那么就先修炼自己，让自己有足够强大的能量和足够强大的心力，再行"兼济天下"之事。

56 魔 变

人的成长是一个"魔变"的过程，只有经历了"魔、磨、摸、膜"的修炼阶段，人的心智才会走向成熟。

首先是魔。从某种程度上说，人的成长过程是一个被污染和被魔化的过程，世界光怪迷离、社会纷繁复杂、人性欲壑难填，邪恶的东西往往具有很大吸引力，诱惑人一步步地陷入泥泞、掉进陷阱，让人在不自知的"魔窟"中陶醉自得，让人在正义与邪恶之间困惑徘徊。

其次是磨。要想去除魔性和兽性，走向人性之光明，就必须在事上磨，走出自己的舒适区，勇敢地走向境界更加高远的痛苦区。而这个磨要有铁杵磨成针的坚守和韧性，更要有心志如磐的定力，以磨去惰性、狭隘、自私、功利等阻碍自身成长的障碍之石。十年磨一剑，方能有宝剑锋从磨砺出。

再次是摸。触摸内心的柔软处，感知内心运行的韵律与节奏，从而在忽明忽暗间确定心的去向。要达到触摸内心的境界，就要求人的灵性完全放松与开放，调动所有的听觉、触觉、嗅觉、感觉、知觉等，凭直觉来整体感知，并完全忽略自己的观念与想法、快乐与忧伤、欲求与野心，否则就无法客观全面地感知和觉察，也就难以触摸和感知自我。一旦触及内心最柔软处，就像在最暗黑的地方见到一束光，让人一下子亮堂起来。

最后是膜。心怀敬畏之心，顶礼膜拜自己精神生命的最高处。从内心低处（魔）走向高处（膜）需要的方式是"磨"和

"摸",而在不断地"磨"和"摸"之中,人会变得目光远大、心胸宽广、脚踏实地、根基深厚,从而勇敢地走向未来理想的自我。

当然,"膜"还是人与人之间、人与物之间隔着的一层东西,只有脱了流俗、活在道心层面上的人,才能感知到它。否则,处处都是隔膜和障碍。而这层膜,唯有"敬"字可破除它。

参考文献

[1] 林格.提炼［M］.北京：大有书局，2023.

[2] 林格.教育者的自我修炼［M］.北京：清华大学出版社，2015.

[3] 林格.教育是没有用的：回归教育的本质［M］.北京：北京大学出版社，2009.

[4] 皇甫军伟.教育的本来［M］.北京：文津出版社，2021.

[5] 皇甫军伟.归位：化解家长的教育焦虑［M］.桂林：广西师范大学出版社，2020.

[6] 皇甫军伟.家长：如何引领孩子内心成长［M］.桂林：广西师范大学出版社，2016.

[7] 皇甫军伟.家庭教育的捷径：以心养心［M］.桂林：广西师范大学出版社，2013.

[8] 郭文斌.寻找安详［M］.北京：中华书局，2010.

[9] 郭文斌.《弟子规》到底说什么［M］.北京：中华书局，2011.

[10] 祝安顺.中华经典教育三十年［M］.北京：清华大学出版社，2023.

[11] 何帆.变量：看见中国社会小趋势［M］.北京：中信出版社，2019.1

[12] 何帆.变量：本土时代的生存策略［M］.郑州：大象出版社，2021.

[13] 蒲松龄.聊斋志异［M］.北京：中华书局，2015.

参考文献

[14] 王阳明. 传习录[M]. 郑州：中州古籍出版社，2008.

[15] 南怀瑾. 论语别裁[M]. 上海：复旦大学出版社，2005.

[16] 韩鹏杰. 道德经说什么[M]. 南昌：江西人民出版社，2019.

[17] 吴晓波. 大败局[M]. 杭州：浙江大学出版社，2019.

[18] 郭晨. 逆境中的毛泽东[M]. 北京：中国妇女出版社，2019.

[19] 祁淑英. 袁隆平传[M]. 郑州：河南文艺出版社，2008.

[20] 王澍. 造房子[M]. 长沙：湖南美术出版社，2016.

[21] 雷锋. 雷锋日记[M]. 北京：解放军文艺出版社，1963.

[22] 曹德旺. 心若菩提[M]. 北京：人民出版社，2020.

[23] 克里希那穆提. 一生的学习[M]. 张南星，译. 北京：群言出版社，2004.

[24] 陆以湉. 冷庐杂识[M]. 北京：中华书局，1997.

[25] 增田宗昭. 茑屋经营哲学[M]. 袁小雅，译. 北京：中信出版社，2018.

[26] 冯梦龙. 醒世恒言[M]. 北京：人民文学出版社，1994.

[27] 文中子. 止学[M]. 北京：海潮出版社，2011.

[28] 郭思乐. 教育走向生本[M]. 北京：人民教育出版社，2018.

[29] 汪正贵. 学校的转向[M]. 北京：中国人民大学出版社，2023.

[30] 怀特海. 教育的目的[M]. 上海：文汇出版社，2012.

[31] 林语堂. 苏东坡传[M]. 西安：陕西师范大学出版社，2006.

[32] 稻盛和夫. 活法[M]. 北京：东方出版社，2005.

［33］司马迁.史记［M］.北京：中华书局，2016.

［34］孙云晓.夏令营中的较量［M］.北京：人民出版社，2008.

［35］施一公.自我突围［M］.北京：中信出版集团，2023.